有钱人穷的时候
都在做什么

工薪族谷底翻身的致富秘密

（美）克丽丝特尔·佩因（Crystal Paine）◎著

陈　书◎译

海天出版社（中国·深圳）

图书在版编目 (CIP) 数据

有钱人穷的时候都在做什么 /（美）佩因著；陈书译 . —深圳：海天出版社，2014. 7
ISBN 978-7-5507-1030-6

Ⅰ . ①有… Ⅱ . ①佩… ②陈… Ⅲ . ①财务管理－通俗读物 Ⅳ . ① TS976.15-49

中国版本图书馆 CIP 数据核字（2014）第 049439 号

版权登记号 图字：19-2014-039 号

有钱人穷的时候都在做什么（YOUQIANREN QIONG DE SHIHOU DOUZAI ZUO SHENME）
海天出版社出版发行
（地址：深圳市彩田南路海天大厦　518033）
http://www.htph.com.cn
订购电话：0755-25970306，83460397

出 品 人：陈新亮
执行策划：桂 林　黄 河
责任编辑：顾童乔　张绪华
责任技编：梁立新
特约编辑：涂玉香
版式设计：王 芳
封面设计：新艺·书文化　蔡小波

深圳市东亚彩色印刷包装有限公司印刷　海天出版社经销
2014 年 7 月第 1 版　2014 年 7 月第 1 次印刷
开　　本：787mm×1092mm　1/16　印　　张：13
字　　数：143 千
定　　价：29. 80 元

To my friends in China —
May this book
encourage you to
Spend less, save more,
& give abundantly!

Blessings!
— Crystal
Paine

亲爱的中国读者：

　　愿这本书能让你花得少、省得多，慷慨地捐助他人！

克丽丝特尔·佩因

戴夫·拉姆齐
《纽约时报》畅销书作者、全美广播脱口秀节目主持人

克丽丝特尔·佩因身兼多职,既是企业家、妻子,同时还是一位母亲,这一切让这本书在理性中充满感性。总之,《有钱人穷的时候都在做什么》一书将帮助你改变金钱观、学会赚钱,并让你获得一种重新掌控生活的感觉。

安·沃斯坎普
《纽约时报》畅销书《一千份礼物》作者

这本《有钱人穷的时候都在做什么》不仅能够启发读者,而且还提供了切实可行、有创造力的方法来帮助你改变对金钱的思考方式。至于本书第 6 章中关于创业的内容,值得大家起立鼓掌。

劳拉·范德克姆
《168 小时:你拥有的时间比你意识到的要多》作者

克丽丝特尔教的方法可以赚钱,这点毫无疑问。但更棒的是,她的方法还可以省时间。明智的人都很清楚,自己洗车最终却只节省了几块钱的方法是不合算的,因为这些时间原本可以用于学习、放松或者照

顾家人。《有钱人穷的时候都在做什么》一书告诉读者如何作出明智的选择，最大限度地利用好时间和金钱。

玛丽·奥斯汀
《一周只需 75 美元就能享受家庭大餐》作者

你是否在寻找成为有钱人的方法呢？作为 3 个孩子的母亲，我花费数年时间研究如何更明智地赚钱。如果早在几十年前，我就看到克丽丝特尔·佩因的这本书，我想我会少走很多弯路。《有钱人穷的时候都在做什么》确实让想摆脱财务困境、变得有钱的人们看到了希望。

汤小明
全球财商教育畅销书"富爸爸"系列图书策划人

《有钱人穷的时候都在做什么》问了一个很有吸引力的问题。当然，在"做什么"中也必然包括"想什么"，因为先有思想后有行动。正如全球财商教育畅销书《富爸爸，穷爸爸》作者罗伯特·清崎所说："金钱是一种思想。"而《有钱人穷的时候都在做什么》的作用就是帮助人们从思想到行动都镀上一层财富的光芒。

任宪法
小天财财商工作室教育总监、畅销书《快挖掘你的财商》作者

作者在书中讲道："富有，不只是机会，更是一种选择；掌握趋势比掌握信息更重要。"这是提高财商必备的两种重要能力，一种是选择力，一种是趋势力。趋势力是把握趋势的眼光和行动决断能力。顺势获利不费吹灰之力，逆势赚钱举步艰难。读者可从本书中学习提高这两种能力。

周文强

新思想控股集团董事长、中国财商教育实战导师

　　每个人都想富有，却不知道怎样做才富有。这本书为那些渴望拥有财富的人们准备了一个行动指南。只要照着做，财富就会来敲门。

陈雪频

智慧云领导力发展机构创始人兼 CEO（首席执行官）

　　大家都想赚钱，讲致富思维的书可谓汗牛充栋，讲致富行动的书却很少见。当思维和观念的问题解决后，接下来最为重要的就是行动了，从知道、做到到做好的鸿沟非常大，唯有不断行动、反思和精进才能弥补这个鸿沟。这本书无疑给渴望致富，却迟迟不行动的人们一副"行动激发剂"。

亚马逊五星级读者评论 THE **MONEY** SAVING MOM'S BUDGET

适合有强烈赚钱欲望的人　Rachel

我一读完《有钱人穷的时候都在做什么》就想写篇评论。我想把这本书介绍给别人看，这的确是我的心声。克丽丝特尔·佩因在这本书里所讲的东西，都是我很喜欢的。这本书尤其适合目前虽然没钱但有强烈赚钱欲望的人，因为它方方面面都讲到了，其中的信息量相当大。

虽然琐碎但亲切温馨　Hloyall

我很喜欢《有钱人穷的时候都在做什么》，因为我感觉作者克丽丝特尔·佩因是以一个聊天者、朋友的身份向我们娓娓道来，虽然不乏琐碎，但给人一种亲切温馨的感觉，而且有些片段确实很出彩。

与作者的一次愉快的谈话之旅　Michele Graber Cubell

克丽丝特尔·佩因很会鼓励他人，启发他人。她的微博有一大批忠实的追随者。所以看到《有钱人穷的时候都在做什么》一书时，我很兴奋。它给我的感觉就是：我似乎是在与作者进行一次愉快的谈话之旅。而且她的写作风格很随意，阅读起来没有一丝障碍。

很吸引人眼球，充满了激动人心的话语　LifeBlogger

《有钱人穷的时候都在做什么》开篇很吸引人眼球，充满了激动人心的话语。虽然结尾有点平淡，但我们仍欣慰地看到，克丽丝特尔·佩因不仅仅是一位出色的赚钱高手，更是一位激励人心的大师，激励人们勇敢地追求财富。

给渴望财富的人们指点迷津　Robin Poirier

作为克丽丝特尔·佩因的忠实读者，我自然要为她的新书《有钱人穷的时候都在做什么》写点评论。在本书中，佩因将她成为有钱人的思维方式都告诉我们，给渴望财富的人们指点迷津，帮助人们实现财务自由，真是令人佩服。

开始尝试　Andrew Garett

我想将《有钱人穷的时候都在做什么》推荐给那些只知道一味羡慕有钱人生活方式的人。克丽丝特尔·佩因极力鼓励人们追求这种生活方式，也给读者带来了许多新鲜的思路和方法。打开《有钱人穷的时候都在做什么》开始尝试吧。

迫不及待等着书　Jamie

我阅读克丽丝特尔·佩因的微博已有一年多了。我很喜欢她提出的建议。早在 11 月我就预订了《有钱人穷的时候都在做什么》并且迫不及待等着它早点到我手上。我在家里也制订了一个赚钱计划，但总是坚持不了。我希望能在这本书里发现一些以前从未听说过的思路，好让我继续我的赚钱计划。

出色的金钱导师 Allister Lam

克丽丝特尔·佩因在《有钱人穷的时候都在做什么》一书里告诉我们，如何改变自己的金钱观念、如何设定切实可行的财务目标、如何创业、如何通过交际来积累财富。她简直就是个金钱导师，鼓励人们大胆追求金钱。

目　录

THE **MONEY** SAVING
MOM'S BUDGET

第 **6** 章　创　业　人生 4 象限，一开始就站进"富象限"里

第 **7** 章　人际关系　认识对的人会召唤金钱

你挖的是金矿还是土矿？

　　古语说，"只要功夫深，铁杵磨成针"；但是今人又告诉我们，"选择比努力更重要"。财富是人生圆满的一个重要指标，如果现在你正走在追求和创造财富的路上，假如你现在正在从事的事业是寻找矿藏，那么它是黄土矿，还是金矿呢？

测试题

　1. 通过计算你的所有收入，你一个小时的工作价值是多少？

　　A. 100 元及 100 元以下

　　B. 100 ～ 500 元

　　C. 500 元以上

　2. 你所从事的行业是你所喜欢或擅长的吗？

　　A. 不喜欢也不擅长

　　B. 不喜欢但擅长

　　C. 喜欢且擅长

　3. 你能清晰地看到 3 年后你在现在的领域中所能实现的财富目标或职位的提升吗？

A. 比较渺茫，看不到方向

B. 有希望，但不确定

C. 很清晰，可逐步实现

4. 你每年的收入可以比上一年增加多少？

A. 10% 及以下

B. 15% 左右

C. 20% 以上

5. 假设现在有一个收入 3 倍于你现在所从事行业的工作，你会因为什么因素选择放弃？

A. 风险太大

B. 花费时间和精力太多

C. 没有乐趣

6. 你向别人介绍自己的职业时觉得自豪吗？

A. 没有自豪，甚至会觉得可能被人看不起

B. 说不上自豪，觉得平平淡淡

C. 自豪，因为常常受到他人羡慕

7. 你很容易结识到优秀且富有的朋友吗？

A. 很难

B. 有机会，但不多

C. 经常

8. 你经常能遇到好的投资机会和信息吗？

A. 几乎没有

B. 较少

C. 很多

9. 你善于和他人分享理财经验吗？

　　A. 从不

　　B. 很少

　　C. 经常且比较受欢迎

10. 你对自己的劳动付出和收入比例满意吗？

　　A. 不满意，付出多，所得少

　　B. 较为满意

　　C. 投入少，回报多，非常满意

11. 如果你是员工，那么现在的你是骨干员工吗？

　　A. 不是

　　B. 能力受重视，但不是不可或缺

　　C. 是核心员工，不可或缺

12. 如果你是管理者或创业者，那么你能让员工拿到满意的工资吗？

　　A. 给的是行业中较低的标准

　　B. 给的是行业中普遍标准

　　C. 给的是行业中最高标准

13. 你对自己所在行业的了解透彻吗？

　　A. 不太清楚

　　B. 基本清楚

　　C. 非常清楚

14. 你认为自己在现有领域中实现财务自由需要多久？

　　A. 5 年以上

B. 3 ~ 5 年

C. 3 年或少于 3 年

15. 会经常有人请你帮忙介绍工作或要求与你合作吗?

A. 没有

B. 有，但很少

C. 经常

计分规则

A 计 1 分，B 计 2 分，C 计 3 分。

测试结果

对照下面的标准，看看自己属于哪一类，并考虑自己今后该怎么去做。

15 ~ 25 分

你挖的是黄土矿，应考虑换行业或职业，并学习理财知识。

26 ~ 35 分

你挖的不是金矿，但适合自己，可以调整方式之后提高财富积累的速度。

36 ~ 45 分

你挖的是金矿，坚持下去，你会收获很多。

你的财商跟得上时代吗?

　　致富、创富是绝大多数普通人的生活理想,但拥有财商的人却比较少,真正将自己的财商运用到位的,更是少之又少。很多人往往奔波在职场和家庭之间,勤劳但不富有,重复着缺少变化和惊喜的生活。这是为什么呢?

　　财商可以培养,财商要善于运用,否则形同于无。现在让我们来做个测试,看你的财商利用率多高以及是否能跟得上时代。

测试题

　　1. 当你拥有一笔额外收入时,你第一个念头是怎样处理它?

　　　A. 狂欢一下花掉

　　　B. 存银行

　　　C. 追加到已有的投资中,或用于新的投资

　　2. 你积累第二个 10 万元的时候,距离上一个 10 万元有多长时间?

　　　A. 超过 3 年

　　　B. 1 ～ 3 年

　　　C. 1 年或者更短

3. 你对自己所拥有的财富有针对性的计划和分配吗？

    A. 没有，顺其自然

    B. 有，但仅限于日常生活储备

    C. 很清楚详细，包括投资与应急预算

4. 你对自己的存款如何管理？

    A. 月光，几乎无存款

    B. 存银行

    C. 存银行、投资货币和金融产品、投资小生意等

5. 假设现在请你在维持基本生活水平的前提下砍掉不必要的支出，它们将占你收入的多少？

    A. 10% 以下

    B. 大约 10% ~ 15%

    C. 超过 15%

6. 每个月你会为理财花费多少时间？

    A. 只有想法没有行动

    B. 月初或月末进行一次整理

    C. 随时关注可增加财富的机会

7. 你周围收入超过你 3 倍以上的朋友有几个？

    A. 水平相当或不如我

    B. 一到两个

    C. 3 个以上

8. 了解你的人认为你是个会理财的人吗？

    A. 很少有人这么认为

B. 少数几个人会这么认为

C. 大家公认

9. 你善于和他人合作进行投资吗？

A. 从不

B. 很少

C. 经常且比较成功

10. 你善于利用信用卡周转资金和节省资金吗？

A. 不善于，信用卡常常信用额度超支

B. 使用过程中会想到但用得很少

C. 擅长，经常

11. 你能在自己急需用钱的时候很快借到足够的钱吗？

A. 很难

B. 能借到一部分

C. 很快，借到所需全额

12. 如果你现在有机会创业，那么你能立即想到并较为肯定能做你事业伙伴的人，至少有几个候选？

A. 1 个

B. 2～3 个

C. 3～5 个及以上

13. 当你要与他人合作投资时，你知道怎样去做吗？

A. 不太清楚

B. 基本清楚

C. 非常清楚

14. 你会在没有准确了解一项投资的时候很快决定投资吗？

    A. 不会

    B. 会请了解的人帮忙决定

    C. 不了解的一定不投资

15. 你认为借钱给朋友并收取适当利息会影响彼此关系吗？

    A. 一定会

    B. 可能会

    C. 不会，他们已经习惯了

计分规则

A 计 1 分，B 计 2 分，C 计 3 分。

测试结果

对照下面的标准，看看自己属于哪一类，并考虑自己今后该怎么去做。

15 ～ 25 分

财商闲置，急需重启。应学习理财知识。

26 ～ 35 分

财商有待培养和提高利用率。应强化自己对财富的敏感和驾驭能力。

36 ～ 45 分

财商较高，且懂得与时俱进。保持优势，如果有机会，带动身边的人们一起致富。

第 **1** 章

理　念

即使衣不蔽体，每根脑神经上也挂满金子

有钱人的逻辑：想穷都很难

欲望大小与金钱多少成正比

金钱是中性的，没有善恶之分

了解价格和价值之间的差异

"使用"比"拥有"更能彰显金钱的价值

眼里永远只看见西瓜，不见芝麻

你的财富目标计算过没有？

THE **MONEY** SAVING
MOM'S BUDGET

有钱人的逻辑：想穷都很难

变成有钱人这件事其实极其简单，但在我之前的生活中，我却始终与其擦肩而过；这件事情极其容易，但我却总是逃避它。后来，我意识到，要想变成有钱人，我必须改变自己的思维方式。一旦改变自己的思维方式，我就会改变自己的行为方式，这反过来又会改变我所得到的结果。这件事情极其简单，但我却用了很多年才认识它，并真正将它付诸实践。

俗话说："思路决定出路。"一旦我开始真正像一位有钱人那样思考，我必然会享受到有钱人的生活。同理，你今天所处的位置，完全是你昨日思考的结果；而你明天所能到达的位置，也正是你今天思考的总和。如果你能够像世界上 5% 的有钱人那样思考，过了一段时间之后，你就会成为那 5%。而如果你一直像那 95% 的穷人那样思考，你就只能是庸碌之辈。你将继续过着平庸的生活：攒点钱退休，可能会有一辆不错的汽车，你还可以靠退休金和社保了此残生。但如果你开始像有钱人那样思考，你的生活从此就会发生彻底的变化，就算你想穷都很难。

即便你抢走比尔·盖茨的一切，只要给他一点时间，他又会恢复到今日的身价，原因就在于他的思考方式。可以说，正是他的思路决定了他的财富。

在经过大量的采访、阅读、收听 CD 之后，我剔除了所有愚蠢可笑的"快速致富秘诀"；在对所有有用的信息进行提炼总结之后，我发现有钱人之所以能成为有钱人，关键就在于他们的思考方式。下面是有钱人对于与金钱有关的几个命题的逻辑思维方式，你将发现，它们是如此与众不同。

关于金钱。有钱人对金钱的作用有着不同的思考。我们通常会把金钱当做购物的工具，而有钱人则把金钱当做一种投资工具。我们需要更多的钱来买更大的房子、更漂亮的汽车、更大的电视，而有钱人则会想着如何让钱生钱。一旦赚了钱，他们就只会用其中的一小部分来改善自己的生活，而用一大部分来投资，以便为自己获得更大的回报。一般人则相反，只用一小部分进行投资，以便继续维持自己的生活。

只要手头一有富余，我们就会想方设法把它花掉；而有钱人则会立刻想该如何投资。只要升职加薪，我们就会给自己买辆更漂亮的汽车，因为现在我们完全可以承担更多的月供了，也可能会立刻去买一台大屏幕彩电，并在接下来的 5 年时间里为它分期付款；而有钱人则会说："我可以继续开现在的汽车，看现在的电视，要是能把这笔钱进行投资，我就可以把每月省下来的 250 美元变成数百万美元。然后，

我就可以买那些东西了。"**我们是因为缺少东西才去购买，有钱人则是因为富足才去购买。**

我们今天消费，以至于在未来不得不付出更大的代价；有钱人今天投资，以便让自己在未来能够买得更多。

关于投资。普通人之所以投资，是为了能够安心地退休；有钱人投资的目的，是为了让自己更加富足。普通人对投资一窍不通，所以很难获得令人满意的收益。

有钱人则会把投资看成是一件极其重要的事情，所以他们会经常阅读、研究、学习各种关于投资的知识。每次打开雅虎首页时，普通人可能只是稍微浏览一下股票版，简略地读上一两篇相关报道；但有钱人却会投入相当一部分时间去学习如何成为成功的投资者。普通人只是抽出一小部分时间去了解有钱人是如何投资的。而且，每次读到这样的文章之后，普通人都会想："我怎么从来没遇到过这样的好事呢？那家伙可真是太幸运了！"不，并不是因为他幸运，而是因为他早已作好了准备。幸运总是青睐那些有准备的人，有钱人的理念和普通人不一样，而正是这种不一样的思维方式让他变得如此幸运。

关于风险。普通人之所以不愿意冒险，是因为害怕失败。普通人会问自己，如果这个想法行不通怎么办？而在有钱人看来，不敢去承担风险本身就是一种失败。

普通人会问："如果生意出问题了怎么办？我会一贫如洗的。"而有钱人则会这样想："如果再不抓住这次机会，我可能就会失败得一塌糊涂。"

真正富有的人都是敢于承担风险的人，普通人必须挺起胸来，学会承担一些风险。难道说敢于承担风险的人就一定不会失败吗？绝对不是。有钱人失败的次数远比你我多得多，所以他们才有可能成为有钱人。

畅销书《富爸爸，穷爸爸》的作者罗伯特·清崎指出，10 家企业当中，有 9 家都是失败的。听到这个，相信大多数人都会觉得这种胜算的概率的确不利于自己，所以千万不能创业。普通人会告诉自己："普通人失败的概率是 90%。"而有钱人则会说："这下可好了，只要连续创办 10 家公司，我最终就一定会成功。"

哪怕失败 9 次也没关系，因为只要第 10 次成功了，你就会赚到千万美元。很少有人的失败次数能够比唐纳德·特朗普还多，但特朗普远不是一名失败者。

关于时间。有钱人看待时间的方式和普通人截然不同。普通人浪费时间，任由他人偷走自己的时间；而对于有钱人来说，时间是他们最宝贵的资产。

普通人把金钱看成自己最宝贵的东西；而有钱人则说："我总是可以赚到更多钱，却无法赚到更多时间。"

对于有钱人来说，时间是一种永远无法取代的资源。在他们所拥有的所有资源当中，只有时间资源是有限的。只要能够换来时间，他们甚至愿意付出一切。

你可以偷走他们的钱，"没关系，我还可以再赚"。

你可以偷走他们的资产，"没关系，我还可以去买"。

但有钱人绝对不会容许你偷走他们的时间，因为时间是一种永远无法取代的东西。

欲望大小与金钱多少成正比

有钱人越来越有钱，穷人越来越穷，原因之一是对金钱的渴望程度不同。有钱人有着强烈的致富欲望，而穷人最多只是想想"我要有钱就好了"。由此可见，欲望的大小与金钱的多少成正比，要想成为有钱人，首先就要使自己拥有强烈的、持续的致富欲望。时刻想着赚钱的人，才能激发出更多的赚钱的灵感。

许多人也想过赚钱，也想过致富，但只是偶尔想想。这不行，没有强烈的致富欲望，就没有巨大的致富动力。约瑟夫·墨菲说过，"想得到财富，必先将财富的观念送入潜意识，不论何时何地，你心中先相信会有很多财富。"

要想成为有钱人，首先应当拥有强烈的创富欲望。只有饱含创富的欲望，一个人才会竭尽全力地完善自我，寻找一切机会发展自己的事业，也只有全身心投入的人才能获得成功。

美国人约翰·富勒有7个兄弟姐妹，他从5岁开始工作，9岁时会赶骡子。他有一位了不起的母亲，她经常和儿子谈到自己的梦想："我们不应该这么穷，不要说贫穷是上帝的旨意。我们很穷，但不能怨天尤人，那是因为你爸爸相信命运，相信我们就是穷人，所以从未有过改变贫穷的欲望，使得家中每一个人都胸无大志。"

这些话深植富勒的心灵深处，他一心想跻身富人之列。他相信自己可以掌控自己的命运，所以开始努力追求财富。

12年后，富勒接手一家被拍卖的公司，并且还陆续收购了7家公司。

有记者采访富勒，问其致富秘诀时，富勒用多年前母亲说的话回答："我们很穷，但不能怨天尤人。那是因为爸爸相信自己就是穷人，从未有过改变贫穷的欲望，家中每一个人都胸无大志。然而我不相信，所以我努力成为一个富人。"

在多次受邀演讲中他说道："虽然我不能成为富人的后代，但我可以成为富人的祖先。"

为什么富勒的先天条件并不好却能够成为富翁？关键就是他有改变自己命运的强烈欲望，而大部分穷人之所以一辈子都是穷人，则是由于他们缺乏做富人祖先的雄心大志。

如果没有想要成为"有钱人"的强烈欲望，那么你终生都赚不到大钱。所以你最好使自己感受到贫穷的切肤之痛，这样才能激起赚钱的渴望。越贫穷的人，对赚钱越有兴趣，而且成功的机会越大。

社会经济学家麦迪先生认为，对金钱的强烈渴望是创造和拥有财富的源泉。一个人一旦滋生了这种欲望，便会激发意识能量，从而不断构思，并最终得出一个超乎寻常的创富计划，然后再凭借这种欲望带来的持久的兴奋，最终实现这个计划。

穷人之所以穷不是因为口袋里没有钱，而是因为对钱的"麻木"或者说"淡漠"。这也就是为什么在美国领取救济金的人比乞丐更受人歧视的原因。在美国，乞丐是一种职业，当乞丐还意味着想要通过劳作去赚钱；而领取救济金则意味着一种放弃和对现实的默认。所以

在很多情况下，你能不能成为有钱人，一开始就有了定数：穷人是可能成为有钱人的，因为他们有做有钱人的理想；拥有一些东西却感觉自己很穷的人，是最容易成为有钱人的，因为他们对财富的追求已经上升到了一种境界；而最不可能成为有钱人的，就是拥有了一些东西，并已心满意足的人。

美国著名的《成功》杂志创始人马登曾经讲过这样一个故事：有人问一个著名的艺术家，他那个很有才气的学生将来会不会更有成就？艺术家回答说：不可能！永远不可能！又问：为什么？艺术家回答：他现在每年卖画能收入 6 000 英镑，他早已经满足于这种不错的收入了！

这就给了我们一个启示：已有的财富往往是阻碍人致富的大敌。如果你从心里深感自己就是个穷人，那你多半也成不了真正的有钱人。我们常看到这样一群人：他们表情木然、行动萧索、心态落寞，唯一的心愿就是能够维持眼前的局面。他们祈愿的就是裁员千万不要裁到自己身上，再就是每月工资能够按时足额发放。他们本来有足够的学识、能力以及资源来开创一番事业，却没有那样的欲望，总觉得眼前的生活就已足够好了。凡是有人群的地方就有这样的人，你如何能够指望他们去创业、去求富、去力争成为有钱人？这些对金钱没有强烈欲望的人只能接受庸碌的人生。

人生不能没有方向，做人不能没有志向，那种只解决衣食住行等生理需要的志向是低层次的，而追求自我实现则是最高层次的需要。所谓"自我实现"，最重要的就是要实现自己的理想、自己的目标、自己心中所追求的东西。或许目前你还一无所有、一无所成，但这些与对金钱渴望的强烈程度比起来都无关紧要。所以人穷志别穷，只要不甘人后积极进取，终有一天会踏上富裕之途。

金钱是中性的，没有善恶之分

有钱人从来不羞于表达自己对金钱的热爱。我知道，很多人都可以搬出大段的理由证明我们为什么应该安贫乐道。但让我来问你几个问题：有哪位父母不希望自己的孩子能过上富足的生活？哪位父母不希望自己的孩子能够一生衣食无忧？哪位父母不希望自己的孩子能够取得成功？所以，有钱人之所以有钱，就是对金钱采取了不同于穷人的态度。要想彻底改变对待金钱的态度，我们首先就应当弄清楚这些问题。

或许你的确曾经接触过一些人，他们发了大财，结果反而葬送了自己的人生，所以你相信是金钱让他们受到了诅咒。如果按照这种思路的话，我也认识一些婚姻不幸的人，难道我们说是婚姻让他们受到了诅咒吗？我还认识一些去过教堂之后蒙受灾难的人，难道说是教堂毁掉了他们的生活吗？

其实，金钱是中性的，并没有道德感和善恶之分，既不能行善或行恶，也不会让人变善或变恶。真正让金钱变善或变恶的，是我们使用金钱的方式。一句话，金钱是善还是恶，取决于你如何利用它。

垒球拍是善还是恶？毫无疑问，如果你拿着球拍，带孩子出去玩上一会儿，那它就是善的。可如果你在一时暴怒之下用球拍砸瘪了邻居的汽车，那它无疑就是恶的。

100 美元是善还是恶呢？如果你用这笔钱带家人一起出去度过一个美好的夜晚，它无疑就是善的。可如果你用这笔钱去找了一位妓女，这笔钱显然就是恶的。还是那句话，金钱本身并无善恶之分，关键是你如何使用它。

如果你有很多钱并且很享受这种生活，那它就是善的。

我记得曾经读过一篇报道，说比尔·盖茨几年前曾经捐出了 10 亿美元用于医学研究。这笔钱是善还是恶的呢？他把这笔钱用在了善事上，所以这笔钱应该是善的。

设想一下，如果把比尔·盖茨的 600 亿美元给你的话，你会用它来做什么？资助全美国的所有教堂？为这个世界上的每个人都提供一本《圣经》？如果是那样的话，这笔钱就是善的，因为你是在用这笔钱做自己应该做的事情：改变这个世界。

世人往往不知道该如何使用金钱。他们把很多钱浪费在毒品、酒精以及很多其他东西上，希望这些东西能够给自己带来安宁和幸福。西方有句名言："如果一个人失去灵魂的话，就算得到了整个世界又能怎样呢？"如果为了金钱出卖灵魂，你就失去了感受幸福的能力。你可以获得世人眼中的财富，但结果却是得不偿失。

了解价格和价值之间的差异

我曾和一位朋友讨教葡萄酒的知识。我提出一个疑问：餐厅里一瓶上百美元的葡萄酒，比起转角商店中一罐 5 美元的葡萄酒，真的好喝上 20 倍吗？

他说你付的不只是酒钱，这 100 美元买的是餐厅气氛、服务、坐落的高级地段、餐厅的优雅格调、精致摆设、存放好酒的细心、服务生对酒的知识、周遭衣着高雅的宾客、享受美味食物和朋友的交谈。

那瓶价值 100 美元的酒根本不重要。这就是重点，我们自以为了解商品价值，殊不知附加价值远超过商品本身。

我有一辆便宜的老奔驰车（我喜欢奔驰，但不想花大钱买新车，因为汽车贬值的损失很大）。大家都怕旧车常出毛病，维修旧车费用不低，但奔驰质量良好，很少出问题。某天，一个朋友开着一辆新车来找我，那是一辆掀背式五门的现代小车，看起来很像迷你宇宙飞船。他看着我这辆奔驰说："天啊，你混得不错嘛。"我试着跟他解释我买的是二手车，他的新车可能比我的二手奔驰贵五倍，但他仍旧认为这辆奔驰比他的新车有价值。我在那一刻领悟到价格和价值不一定相等。

如果你也想做有钱人，你必定得研究价格和价值之间的差异。而能很好利用这一差异的人，会比较容易掘到他们人生中的第一桶金。

在道格拉斯 20 岁时，所有人都还在用八声道的盒式录音带听音乐。道格拉斯听说一家音像公司的分销做得不好，导致大量录音带积压，堆在仓库里等着发霉，变得一文不值。但道格拉斯明白这些录章带的价值，目前看上去不值一分钱，只是因为没有让需求它们的人找到而已。于是，道格拉斯约见了音像公司老板，说服他们把这些录音带给自己。道格拉斯向他承诺，把录音带卖出去之后，与其分享利润。

道格拉斯把磁带运到西部地区，那里有一定的音像品需

求，让这批原本无人问津的录音带身价倍增。一番交涉后，道格拉斯与当地一家连锁店建立了合作意向。这家连锁店允许道格拉斯在大约100家分店里销售录音带。接下来一段时间里，道格拉斯一天能赚1 000美元，获得了他人生中的第一桶金。而那家音像公司也收回了成本，获得了利润。

有钱人评估一件物品的价值，并不只看其表面。他们知道，顾客愿意付出的价格，才是商品本身的价值。一幅画可以贴上500美元的价格标签，但是除非有人购买，画才会产生价值。商品价值并不等于价格，这点很重要。

"使用"比"拥有"更能彰显金钱的价值

工厂里同一张板凳上工作的两个人，所获机遇大抵相同，所获工资也相差无几。他们住在相同的街区，都有妻子儿女。一天下班后，第一个职员在酒吧的门前停下，买了几杯酒喝。第二个职员在经过商店橱窗的时候，一幅小图画吸引了他的眼球。他走进商店，发现画的价格也不高，总之不比买酒的价格高。这位职员买下了，带回了家。

第一个人所花的金钱不仅对他毫无益处，反而对身体造成伤害，甚至还不利于家庭乃至整个社区，因为酒商将迅速补足被这位职员喝掉的酒，这无疑是扩展了酒类贸易。

第二位职员的消费则有长久的价值：这幅画可以让整个客厅为之一亮，让他的家变得更加温馨，不仅如此，卖给他画的经营者将用另一幅来替代原来的那一幅，这实际上有益于艺术的传播。

每次，我们花费一美元，不是带来好处就是带来坏处。若我们错误地使用，不仅伤害到自己，也会殃及我们居住的社区，因为我们的消费鼓励并传播了不良的事物。但若我们正确地使用，就能刺激正当的贸易，让好的事物加快流通。

金钱本身没有善恶之分，对金钱的使用才会产生好的结果或难以估量的罪恶。如果使用金钱之人是恶棍，那社会将会面临不好的影响；如果使用者是道德高尚之人，金钱则可以为自己与社区服务。所以，你花的每一分钱都可以为善，亦可为恶；可以让你变得更好也有可能更坏；可能有益于你或别人，也有可能对你或别人造成伤害。

因此，比起拥有一大笔钱而晋身为有钱人，更重要的是如何使用它。当你建立起属于自己的用钱之道时，就会对金钱带来的满足与幸福期待不已，当然也能帮助你更早进入有钱人行列。

有人看到存款簿的余额时，脑中便燃起强烈的节约想法，或是开始想着该如何做更有利的投资才能增加自己的资产。虽然不能否定这样的行为，但这几个提议，都无法激起我半点兴趣。我觉得这些做法不仅会给自身带来无形的压力，而且我也非常怀疑这么做的乐趣所在。

我自始至终，都非常想要一些非必要的"身外之物"，甚至有时是在有些勉强的情况下拥有那些"身外之物"。

许多人尽管拥有财富，却过着身心俱疲、一只脚已经踏进棺材般的人生。然而，也有许多有钱人，他们是过着完全相反、多彩多姿的有钱人生。

这些真正成功的有钱人，毫无疑问地掌握了用钱之道。正是因为

掌握了用钱之道，所以才能让人生充实而美满。这些有钱人，不论是对工作、休闲，或是家庭、人际关系，想必都仍怀抱着梦想、持续不断地努力。

你想成为哪一种有钱人呢？想必每个人都会选择后者吧！那你就必须牢记，拥有或是赚取金钱的方法，绝对比不上使用金钱的方法。

眼里永远只看见西瓜，不见芝麻

对赚钱而言，最重要的莫过于眼光。没有宏观视野、没有全球市场概念的人，永远只能赚自己家乡一撮人的钱；在现代社会，眼观全球的人，才能成为世界级有钱人。如果我们把市场当成水，鱼是消费者，那些眼光短浅、视野狭隘的人，一辈子都只想在自己身处的小池塘里浑水摸鱼，也不管这个池塘是否快干涸，池子里是否还有鱼，他们眼里就只看到这个小池塘。相反，有钱人的眼里通常只有西瓜，不见芝麻。像巴菲特那样把全球当成一个市场的人，就等于是优游在海洋里的大型渔船，尽情地使用取之不竭、用之不尽的大海资源。

3个人结伴外出，寻求发财的机会。在一个偏僻的乡村，他们发现了一种又大又圆、清香甘甜的苹果。这种苹果在当地售价非常便宜。

第一个人立刻倾其所有，购买了1 000公斤苹果，然后在家乡以高于原价两倍的价格出售。数次下来，他很快成了一个万元户。

第二个人望着这些苹果，沉思片刻。他用一半的钱，购买了100棵苹果苗运回家乡，然后用另一半钱承包了一片山坡，把果苗栽上。3年过后，他也开始卖他的苹果了。

第三个人呢，他望着那些优质苹果，一连几天围着果园东走西看。他找到果园的主人，从他手中买了一些泥土。

他把泥土带回家乡，请专家化验，并分析了泥土的成分、湿度等。然后，他承包了一片荒山坡，用了整整3年的时间，开垦、培育出与那些泥土一样的土壤。最后，他在上面种上苹果树苗。

10年过去了，3个人的命运迥然不同。

第一位购买苹果的人，依然贩卖着苹果，但是赚的钱越来越少了，有时甚至赔钱，所以他日子过得很拮据。

第二位购买树苗的人，早已拥有了自己的果园，但是因为土壤的不同，长出来的苹果有些逊色，不过也算是过上了幸福生活。

第三位购买泥土的人，也是最后拥有并收获原汁原味苹果的人，他的果园每到秋天就会引来无数的购买者，他也成了当地最有名的富翁。

目光短浅的人，必然无法成为有钱人，因为他们的精力和时间都被眼前的蝇头小利塞满了，自然无暇顾及不远处的金元宝。而那些不光能看到当下，也能看清未来的人，才会真正运筹帷幄、权衡得失，从而从长远出发作出最有利于致富的选择。

前者我们称之为"目光如豆"，后者我们形容为"目光如炬"。一字之差，最终结果却有云泥之别。正如一个有钱人所说：你能看多高，你便能走多远。

目光如豆的人注定只能在柴米油盐的争吵声中为多赚了三五美分沾沾自喜，而目光如炬的人则可能用暂时的失利来换取长久的财富。因此，在追求财富的过程中，不要太重视有形的东西，有时候，无形的东西更可能给你带来巨大的财富。比如，技能的提高、人脉的积累、眼界的开阔、学识的增长等。只有将目光放长远，才不会将自己囿于眼前的小圈子，才能跳出狭隘，走向宽阔的财富天地。

有这样一则小故事：

在一个白雪纷飞的冬日，一群工人正在高速路上紧张地工作，这时，一辆缓缓行驶的黑色小轿车停了下来。一个人摇下窗户，兴奋而友好地冲着一个工人喊道："嘿，杰克，是你吗？还记得我吗？"

杰克——其中一位工人也高兴地回答说："噢！约翰，见到您真高兴。"

于是，杰克和约翰——"贝尔"高速公路的总裁进行了愉快的交谈。一个小时后，他们热情地握手告别。

黑色的小轿车一溜烟走了，其他工人纷纷拥上前来，他们对一个小小的工人居然认识总裁感到十分惊讶。杰克解释说，20年前他和总裁一样，同一天进了公司，并做着同样的工作。

其中一个工人开玩笑地问杰克，为什么人家成了总裁而他却在冰冷的冬日工作。杰克听后，很伤感地说：10 年前，我只为了能发到手的 2 美元薪水而工作，而约翰却从一开始就为了整条公路而工作……

看了这个故事，我想已不用我多说了。如果你想成为明天的有钱人，那么就放远目光，真正地为未来打拼吧！

你的财富目标计算过没有？

你想成为有钱人吗？那就请你确立明确的目标。听了这话，也许很多人会反问：这一点再明白不过了，谁不知道？你说得没错，但我一直都认为世人都明白的道理才是真理。

请回答以下两个问题：

你认为拥有多少钱才算是有钱人呢？你认为有一天你会成为一个符合自己标准的有钱人吗？

第一个是目标问题，第二个是可行性问题。财富目标要建立在现实的基础上，而没有可行性或可行性很小的都不是目标。

很多人常常把梦想和目标混淆。如果你希望自己能够成为比尔·盖茨那样的世界首富，而且这种梦想非常迫切，那你一定会采取积极的行动。

但这不是一个现实的目标。目标是经过计算并且具有极大可行性的。例如，根据你目前的收支情况分析，每年可存金额最多有 6 万元，

所以要用 3 年的时间准备 18 万元以上的本钱，这是一个目标；根据过去的收益率情况分析，每月用 6 000 元投资年均复利收益率 10% 的股票型基金，用 3 年的时间准备 24 万元，这也是一个目标。确定经过计算的目标然后再一一实现，就是在一步一步向梦想迈进。梦想可以很大，但目标一定要现实。

"经过计算的财富目标"可以是 60 万元，也可以是 6 000 万元。由于每个人的生活环境、生活条件都不一样，实际上并不存在绝对的标准。每个人都应该根据自身的实际情况决定自己的目标，没有必要和别人比较。在这里，我介绍一种能够帮助你确立"经过计算的财富目标"的方法。

第一，**这个星期就抽出一小时**。也许你的时间表安排得很满，似乎很难抽出整整一个小时用于设立目标，但是我向你保证，这样做是值得的。改变晚上看电视的习惯，早上早起一个小时，或者使用其他有创意的方法，把时间挤出来。

第二，**准备一张白纸**。坐下来，问一问自己，"5 年后，我希望自己的财务状况如何？"

第三，**把所有想法都写下来**。宏伟的计划、微不足道的点子、务实的想法以及各种奇思妙想，统统都写下来，并纳入考虑范围。不过，你那种想增加 50 000 美元债务的想法就不能考虑了。

第四，**进行头脑风暴**。想出很多点子之后，再审视一番，选择 3 个想法当作目标。

选择一个未来半年到一年你完全可以实现的财务目标。

选择一个只要你下定决心，未来几年完全有可能实现的财务目标。

最后，选择一个你希望实现但是几乎没有可能实现的财务目标。

注意：如果你有信用卡欠债，或者有汽车贷款、医疗贷款、学费贷款及消费贷款，那么，你的首要目标应该是把欠款还清。一旦你还清了贷款，就应该优先支付银行按揭或者为买房存够一大笔钱。

第五，把 3 个目标用白纸黑字写下来。如果你觉得自己常常忙得像钟表里 24 小时不停转动的齿轮，但财务状况却始终不见好转，那么这个步骤会彻底改变你的金钱观。把目标写下来能够让你集中精力朝着特定的目标前进。这个写下来的目标就是你的财务地图，即便你只是在做诸如购买日用品这样的小事，这张地图也能够为你指点迷津。如果你遇到了预料之外的账单或阻挠，或者财务好转的进度比你预想的要慢，那这 3 个目标还可以成为你继续前进的动力。

第六，把你的目标分解成"容易下咽"、容易计量的小目标。根据你的目标，确定未来 5 个月或者 5 年内，为了达成每个目标，你需要做的事情。把长期目标分解成年度目标，然后把年度目标分解成月度目标，接下来把月度目标分解成周目标。这样一路分解下来，目标就变成了"容易下咽"的小目标。

例如，如果你希望未来一年还清 1 500 美元的信用卡债，可以用 1 500 除以 12 个月。也就是每个月需还款 125 美元。125 再除以 4，每周就只需要还 32 美元。现在，每周只需要还 32 美元这个事实，令

你的还款目标现实起来。现在你已清楚，每周你需要额外赚取多少钱或者节省多少钱，明年才能支付那 1 500 美元的卡债。虽然 1 500 美元听上去是很大一笔钱，对于手头很紧或者勉强收支平衡的人来说，更是一笔巨款，但当你把 1 500 美元分解成"容易下咽"的每周 32 美元之后，还款计划就变得务实和可行了。

但仅仅算出这个数字是不够的。你还必须制订一个具体的计划赚到那笔要还的钱。你愿意每周额外工作几个小时么？是搞一次大规模的旧货出售，还是找一份兼职？是取消还是缩减某方面的开支？然后再想一想你一个月的开支，查看一下有没有可以削减或者取消一年的开支项，以帮助你实现这个目标。

我朋友琳德塞和她丈夫有 4 个孩子，却只靠一份收入来维持生计。琳德塞喜欢拍照，渴望开创自己的摄影事业。但她知道，想要大幅度提高自己的摄影技术以便依靠摄影从事一份兼职工作，就必须把自己原来那部傻瓜相机换成一部专业相机。

琳德塞和丈夫已经过着非常节俭的生活了，而且也在以非常有创意的方式利用现有的资源，但还是很难进一步压缩财务预算以存到更多的钱，更别说存到购买昂贵相机的钱了。不过，她没有一时冲动使用先借后还的方式，而是决定用付现金的方式来购买这部相机。由于他们手头很紧，这几乎是个不可能完成的任务，但是她并没有因此望而却步。她首先搞清楚自己需要多少钱，然后考虑每周可以采取哪些具体的行动来达成自己的目标。她想到了"开心周五"活动，周五时，妈妈们可以把自己的孩子留给她照看，她组织孩子们一起玩游戏和参加各种活动。同时，她还找了一份一周工作一个半小时的兼职清洁工作，孩子们则交给丈夫照看。

她把"开心周五"以及做清洁赚到的钱都存入买相机的账户，并以百分比的形式来衡量达到目标的进展状况。每隔几周，她就会更新一次数据，写明她现在距离目标还有多远。当她一步一步靠近终点时，我们都为她兴奋不已。

在清洗了 34 个马桶、清扫了 190 个房间、替别人照顾小孩 25 个小时后，也就是 4 个月后，琳德塞达成了自己的目标，用现金购买了一部新相机。激动不已之余，她告诉我，存钱和等待的过程非常艰辛，但付出这么多后，最终获得的回报也是喜人的，也让她更加珍惜这部来之不易的相机。与此同时，她存钱的过程也让她有时间研究哪部相机的性价比最高。比如说，她最终就选择了另外一部性能更好的相机，而不是最初看中的那一部。

我很欣赏琳德塞这种热情和埋头苦干的劲头。她并没有因为现实的经济情况不允许她购买一部新相机而什么都不做，只顾着抱怨。她也没有在自己负担不起时刷卡买相机。她制定了一个大目标，然后把它分解成"容易下咽"的目标，据此来确定她每周必须达到的目标，然后就开始埋头苦干了。

她的耐心和坚韧终于有了回报：不仅用现金购买了一部全新的专

业相机来开创自己的摄影事业，而且也让她感受到通过辛勤工作达到目标后的满足感。

你的某些财务目标或许并不切实际。例如，你希望每个月增加500美元的收入，但制订的计划或许不是那么清晰明确。你可能需要调整计划，让它变得灵活些。不管怎样，你一定要制订目标，并把它分解成"容易下咽"的目标。你可以每周都做一点事情，以便距离1年后、5年后或者10年后的目标稍微近一点儿。

如果你觉得自己没有衣不蔽体食不果腹、没有拖欠水电账单就已经很不错了，根本不可能实现任何目标，也不要胆怯。也许一开始时，你会反感制订目标，但无论如何，"现在"就是设立目标的最佳时机。为什么？因为你本人就是解决财务困境的救星。没错，你可以扭转乾坤，就从今天开始吧。

第 **2** 章

情　商

"大富翁体质"是这样炼成的

钱喜欢有信用的人

钱只和正直的人交往

一个人的器量大就会吸引金钱

恐惧与贪心是财富的杀手

没有失败，只能暂时停止成功

一个跟头就会摔出胆识

你遇到的麻烦比有钱人的多吗?

有钱人字典里没有"不可能"

THE **MONEY** SAVING
MOM'S BUDGET

钱喜欢有信用的人

谈到债务，接下来我要跟你讨论一下你最重要的资产之一——你的信用值。很多人都没有意识到，赚到和挥霍百万美金的关键区别就在于你的信用值。

首先我想先谈一谈诚信的重要性以及诚信与信用值的关系。

必须承认，并非所有的有钱人都有诚信。他们当中的很多人是踩着别人的肩膀爬上去的，会在背后捅人刀子，也会在达成交易之后出尔反尔。而且他们当中的很多人还会酗酒、吸毒。他们的生活当中没有平静。他们虽然赢得了这个世界但却失去了自己的灵魂。

但我需要指出的是，在这个世界上人永远比钱更加重要。你一定要把这句话牢记在心。我永远不会为了金钱而出卖亲人或朋友。所以我从来不会为了金钱而欺骗某人，也不会为了金钱而故意冤枉某个人。对于我来说，人际关系要比金钱更加有价值。赚钱非常容易，但要跟人建立良好的关系却并不是一件容易的事情。

我们必须明白，人来到这个世界上就是需要建立关系纽带。你的 DNA 里就包含这种需要。你来到这个世界上是为了爱别人，同时也是被人爱的。我们每个人来到这个世界上都是为了享受快乐、安宁、成功。你的 DNA 里面就有这些因素。

在猎豹的 DNA 里，就有一种追杀斑马的需要。只有在追杀斑马的过程中，猎豹才能体会到一种真切的生命感。可如果你把猎豹放到动物园里，没错，那样它的确会衣食无忧，可这会磨损猎豹的本性。你的生活可能也达到了一般水平，但我告诉你，除非你能够跟自己周围的人建立起良好的关系，否则你就会像那头猎豹一样，被套住了！所以你一定要把人放在比金钱更加重要的位置上，要把人际关系看得比金钱更加重要。

试想一下，就算你成了一名有钱人，但你的孩子却染上了毒品，那金钱又有什么意义呢？你的确拥有了金钱，但在这个过程中你却失去了婚姻。可如果懂得人际关系的重要性，你不仅可以做出自己的蛋糕，而且可以享用它。我就是一个很好的例子，我不仅拥有了金钱，而且拥有一份美好的婚姻。我不仅过上了富足的生活，还跟我的孩子们建立了非常好的母子关系。为什么？因为我懂得把人际关系放在生活中最重要的位置上。

记住这一点后，让我们继续讨论诚信。诚信是一个人所能拥有的最伟大的品质之一。诚信的对立面是口是心非。通常来说，口是心非意味着表里不一。诚信则意味着能够保持前后一致。人们都喜欢讲诚信的人，也愿意跟这样的人合作。

　　罗杰打算在家里后院的草坪上修建一个游泳池。因为要从银行贷款，所以他给几家公司打了电话，希望他们能给个报价。

　　其中有一家公司一直动作缓慢，拖拖拉拉。因为夏天就要到了，天气变得越来越热，所以罗杰开始变得有些着急了。就在这个时候，另外一家公司给罗杰发来了报价，由于时间很紧迫，所以他毫不犹豫决定接受第二家公司的报价。

　　可就在罗杰作出这一决定的第二天，第一家公司给他打来电话。他们的报价要比第二家公司的报价低 3 000 美元。遇到这种情况的时候，很多人都会想办法取消跟第二家公司的合作，转而接受第一家公司。可罗杰没有这样做，他认为既然已经作出了承诺，就应当兑现它。这就是诚信。对于罗杰来说，当同意一件事情的时候，他就必须为自己说过的话负责。一个人的诚信绝对不止 3 000 美元。

　　结果呢？罗杰的诚信终于得到了回报。几个星期之后，他接受报价的那家公司回过头来告诉他，他们当初计算出现了错误，多收了罗杰 4 000 美元。毫无疑问，罗杰非常感动，同时也坚信：诚信的人一定会得到应有的回报。

　　有句谚语说，诚信甚至比财富还要值钱。只要一个人能够保持诚信，财富、名誉等都会陆续来到你的身边。我曾经见过很多人一夜暴富，但他们的财富只是昙花一现。这种财富之所以无法长久，是因为拥有这些财富的人本身就缺乏诚信。他们可以很轻松地看着对方的眼睛，握着对方的手，答应对方某件事情，可在内心深处，他们根本不打算兑现自己的承诺。我敢保证，如果你按照这种方式做事，即便最终得到了自己想要的金钱和财富，你也不会感到幸福。

那些缺乏诚信的人大多是一些毫无原则的人。当拥有金钱的时候，他们很容易将其挥霍一空，也很容易为了金钱而抛弃自己的配偶，背弃自己的承诺，做事喜欢走捷径，相信这样可以让他们赚得更多。可到最后呢？他们所得到的只有心痛和沮丧。

钱只和正直的人交往

正直是人格的重要组成部分，常表现在日常决定和行为中。没有正直的品质，很难获得同事和上司的认同，更不要说事业成功。很多公司在用人的时候，宁可找一位才能平平但正直的人，也不用那些心怀鬼胎的能人。因为上司需时时提防这种人，特别是涉及管理钱财的工作；面对利益分配，同事也会对他倍加防范，小心谨慎。无论在职场还是在日常生活中，为人正直都是立身之本，正直之人才能获得信任和拥戴。

为什么很多公司的字号沿用数十年甚至数百年前的人名呢？因为它暗示着正直的品格，表明可靠的信用。

作为美德的正直是什么？那就是处事公正、为人真诚、言行一致、表里如一、质朴敦厚、光明磊落、无私无畏、刚正不阿。正直的，也必然是诚实的。正直的对立面是虚伪、奸诈、欺骗。

钢铁大王卡内基的一生，无论是在电报公司工作，还是为当时美

国宾夕法尼亚铁路西部管理局局长汤姆·斯考特先生工作，还是从事股票生意、管理钢铁企业，他都展现了正直的品行。可以说正直是卡内基获得巨大财富和建立钢铁王国的支撑力量。

安德鲁·卡内基出生于苏格兰，外祖父是一位性情开朗、机智幽默，又具有不屈不挠精神的人。卡内基以外祖父的名字命名，从小也以有这样的外祖父为荣。

他的外祖父是天生的雄辩家，也是一位富有才智的政治家，更是当地颇为活跃的政治领袖。从事纺织行业的父亲虽然生活捉襟见肘，但为人非常正直。少年时，卡内基常跟随鳏居的叔叔到处参观古迹。在接触英国历史的过程中，他对骑士华莱士揭竿起义的故事非常着迷，同时被其正直守信的品性深深打动。童年的教育和濡染养成了卡内基诚实正直的品质。

移民美国后，14岁的卡内基进入电报公司，虽然他当时对于线路一点都不熟悉，但却向公司许下诺言，说自己一星期就可以熟记全城的线路。公司经理被卡内基的毅力感动，留下了他。卡内基果然实现了自己的诺言，很快成为公司的熟练工。工作一年后，由于表现优异，他被提拔为管理信差的监督者。

当时，美国的电报公司是很吃香的行业：每个城市都分区投递，如果投递的电报超过责任区，可向主人收取一毛钱的小费。电报童常为这一毛钱的外快争抢这份差事，有时还引起冲突。卡内基当上监督没几天,纷争就消失了。原来,卡内基规定:"小费全部放在箱内,到月底大家再平分。"到了月底,诺言果然兑现,卡内基按人数平分,从不徇私舞弊。

一个延续许久的矛盾化解后,每个信差的积极性大大提高。每天早晨,大家轮流提前一个钟头到公司打扫,而卡耐基每天都提前一个钟头到达公司。他正直的品格起了良好的带头作用。

我们从卡内基身上可以看见:正直表现在行为的各个方面,它是内在高尚品格的外化。在个人的品格中,正直和诚信是一体两面:信任是他人基于你的正直而对你做出的回报。你获得了别人的信任,就意味着你获得了可靠的收入。正直要求我们必须坚持自己的原则和价值观,坦然地面对不公和错误,及时予以纠正,并将所作所为规范在道德准绳之内,绝不能抱任何侥幸心理。

今天,我们在向卡内基先生学习的时候,可以认真思考一下,自己在正直方面还有哪些不足之处?在面对金钱利诱的时候,你能否泰然处之?面对公司(同事)利益与自己的利益发生冲突的时候,能否做到公私分明?在面对朋友和陌生人、亲疏不同的同事的时候,你能否公平、不分内外?在面对邪恶势力和不公平待遇的时候,你是否能刚正不阿、奋起反击?在面对部属和上级的时候,你是否都能做到不卑不亢?

一些似乎并不起眼的细节却反映出人性的内蕴;一个小小的失误就会让你蒙受巨大损失。正直是一个人通往财富之路的扶梯和基石。

正直也是一笔值得珍惜的财富。为什么成千上万的商人在芝加哥大火中失去所有的财富，却仍能够迅速东山再起呢？有人甚至还成了规模更大的批发商。他们并没有创业资本。然而，诚实信用就是他们的银行账户。商业机构认为他们是正直的人。他们从不拖欠，也很勤奋，对所有的人都讲信用。这种声誉就是东山再起的资本，这种声誉让一个身无分文的人可以买到数千万美元的货物。大火毁掉了商店，却毁不掉正直的声誉。

一个人的器量大就会吸引金钱

一直以来，人们为了金钱付出的不仅是时间和自由，还有幸福和健康，以至人们早已忘记金钱不过是人类无中生有的交易货币，往深处看的话，金钱内里实际上空无一物。

然而，大多数人一生被金钱这支魔棒指挥得团团转，跟在金钱的屁股后，忙碌一辈子，省吃俭用，却似乎仍无法积累到足够的钱。本来唾手可得的幸福，都被各种担忧和莫名的恐惧给侵蚀了，这不能不令人遗憾。

事实上，追逐金钱很可能只会使金钱逃跑得更快，而有钱人却会用心地创造一个能够吸引金钱到来的氛围。没有科学的证据显示哪些人就一定会富有，哪些人就注定要一生贫穷，但无可否认，许多真正的成功者确实都具有一些与金钱没有直接关系的特质，包括：器量、智慧、勤劳、热情、忍耐、勇于承担和自律等。

在以上众多吸引金钱的品质中，器量是较为重要的一条。器量大的人之所以能够吸引金钱，是因为他们宽广的胸怀吸引了无数人追随他，为他提供信息、资源或人才。有了这些，金钱迟早会找上门的。当一个人身上拥有了吸引金钱的特质时，金钱就会自然地聚集，金钱会在这些人身边停留的时间最长。也许渴望获得财富的人们应该重新思考自己的行为是否符合了金钱规律，如同大地的规律，唯有阳光普照大地，万物才得以生长。从某种意义上说，金钱是人们做了正确的事情之后伴随而来的副产品。

约翰·洛克菲勒，这位美国有史以来首位亿万富翁，他虽腰缠万贯却仍像普通人一样，坐火车乘三等舱，住旅店要住小房间。

一个晴朗的夏日，一个脏乱的火车候车室内，坐着一位衣着随便、满脸疲惫的老人。

一位有钱夫人进站上车，她提着一只很大的箱子，显然也要赶这班列车，可箱子太重，累得她直喘粗气。眼看火车就要开了，她看见旁边有位带着简单行装的老人，于是冲他大喊："喂，老头，快给我提箱子，我待会给你小费！"

老人帮她接过箱子就朝检票口走，虽然看起来他是那么的不堪重负。不一会儿，火车慢慢启动了。胖太太抹了一把汗，庆幸地说："要不是你，我非误车不可。"说着，掏出一美元递给老人。老人并不推辞，微笑着伸手接过。

这时，列车长走了过来，对老人说："您好，尊敬的洛克菲勒先生，欢迎您乘坐本次列车，我很乐意为您效劳。""谢谢，不用了，我只是刚刚做了一个为期 5 天的徒步旅行，现

在我要回纽约总部。"老人客气地回答。

"什么？洛克菲勒？"胖太太惊叫起来，"上帝，我竟让石油大王洛克菲勒先生给我提箱子，居然还给了他一美元小费，我这是在干什么啊？"

她忙向洛克菲勒道歉，并诚惶诚恐地请洛克菲勒把那一美元小费退给她。

"太太，你不必道歉，你根本没有做错什么。"洛克菲勒微笑着说道，"这一美元，是我挣的，所以我收下了。"说着，洛克菲勒把那一美元郑重地放在了口袋里。

大凡成功的有钱人，器量都很大，它像海水一样透明而又深邃、沉稳而又宽广。它可以容得下各种打击，也能经得起无数挫折。哪怕内心泪水如雨，脸上也依然微笑如春。拥有这种胸怀的人，对别人也会格外宽容和体谅。他们能推己及人、换位思考，也能宽以待人，原谅别人的过失。这种胸怀让他们能看淡名利、更有智慧，从而更有把握去掌控有钱人生。达到这种境界的人，自然会不刻意求财而财自来，一切都是水到渠成、手到擒来了。

有人说，坦荡的胸怀是财富的归宿，器量大就会吸引金钱。所以，要想成为有钱人，就先修炼你的博大胸怀吧！原谅那些嘲弄你的人，是他们让你知穷而后勇，奋力追求财富。感谢那些阻挠你的人，是他们让你斗志高昂，为了明天全力打拼。哪怕深居陋室，也要有包容天下的胸怀。这样，当财富来临时，你的眼睛才会看得见，心灵才会装得下。

恐惧与贪心是财富的杀手

巴菲特说："当人们因贪婪或受到惊吓的时候，他们时常会在买卖股票时犯下愚蠢的错误。"在他看来，贪婪是财富最大的敌人。许多投资者血本无归，都是由于太过贪婪造成的。

贪婪是人性的弱点之一，所以，当大多数人面对巨大的利益诱惑时，常常会失去理智，总希望抓住一切机会，赚取最大利润。其后果就是这种不理性的贪婪行为给他带来很大的损失，甚至是血本无归。所以，巴菲特认为，太贪婪的人根本不具备有钱人的基本素质。

投资者最大的心理敌人就是贪，由于贪念过重，想一夜之间暴富，许多投资者在决策和操作上视同赌博，急于下注，却从不进行冷静而科学的分析。投资就有风险，这是投资的基本规律，即使把钱存到银行也不能说没有任何风险，不同的只是风险高低有所差异。高收益的投资往往伴随着较高的风险，这一点也是投资的规律。

但事实上，贪婪的人往往只看到收益，对收益背后的风险却视而不见。这样一来，投资失败也就是早晚的事情。

当然，赚钱是投资者进入股市的唯一目的，这说明每个人都贪，但贪也要有度，如果一味地胡贪、乱贪，那么市场最终会毫不留情。有的投资者确实在投资市场上大捞了一把，但由于不懂及时退出，对利润的无止境的追求导致最终还是亏损；更有甚者，有些投资者的贪念随盈利的增多而不断高涨，以致高位套牢，终究一无所获。

巴菲特的"不贪"心态常常使自己避免了损失，例如，20 世纪 60 年代，美国的股票市场牛气冲天，面对巨大的诱惑，许多投资者失

去了理智，疯狂地买卖股票。当时的股票交易所里人山人海，大量的买卖单据使股票交易所里的工作人员忙得喘不过气来。而此时的巴菲特却并没有失去理性，他在手中股票涨到 20% 的时候就非常冷静地悉数抛出。后来，股票市场出现大幅下跌，不少投资者遭受了巨大的损失，甚至倾家荡产，而巴菲特却安然无恙。其原因就是在别人都在巨大的利益面前变得贪婪时，他保持了冷静与理智，从而在这场大股灾中幸存了下来。

在财富投机上恐惧同贪婪一样是错误的，恐惧与贪婪均让普通人赚不到钱。

人为何会产生害怕的心理？人在做每件事情的时候都会有意识对外界进行预测，当你对外界不能预料的时候，也就是说感觉到自己不能够控制的时候就会产生恐惧了！我们在做一些大型的活动时，为什么要做那么多的准备呢，就是为了能够更好控制事态，并在我们预想中进行，以免失误。

害怕失败，对人们的心理产生了极其有害的影响，这种影响体现在以下几个方面：

害怕失败，使得人们谨小慎微，行动过于保守，往往坐失良机。由于害怕失败，人们力求风险尽可能的小，尽可能没有风险。但是没有风险的事情，往往也是利润较小的事情，这也不是投资者的目标、愿望。人们应该做的事情是高利润、创新性的事情，而这就具有风险。

害怕失败，不敢给自己曾经做过的品种以足够的投入，这就影响了财富目标的实现，严重的会造成再次失败。由于害怕失败，人们往往不敢在资金、精力、时间上全力投入，而是分散或保留一部分。这样，由于投入不足，就会影响产出，甚至造成没有产出，导致失败。

害怕失败，就会在人的潜意识里种下失败的种子，这样，成功的种子就得不到充分的营养。失败的种子吸收了养分，潜意识就很难集中全部精力工作。害怕失败的心理，对于潜意识的工作是十分有害的。它影响人的创新性活动，同样影响目标的实现。

害怕失败，人们往往信心不足。信心不足，人们就无法经受接二连三的失败的打击，很可能半途而废，在别人恐惧时你却做不到贪婪、在别人贪婪时你却做不到恐惧，这是十分普遍的现象。

恐惧是信心的敌人。诚然，无论是谁对血本无归都十分恐惧，如惊弓之鸟。因此，即使面临明朗的发展趋势也不敢顺水推舟进而赚取只属于少数人的财富。或在经历一次挫折的打击折磨之后，心理阴影长期挥之不去，害怕再次沦为失败者，即使面对零风险发财机会也表现得心有余悸而不敢抓住，于是找理由退缩、拖延或对持有的东西恐慌抛售，让到嘴的一块肥肉被狼叼走。

一般来说，只要有七分获胜把握便可行动。如果犹豫不决而迟迟下不了决心，机会就会擦肩而过。克服恐惧最好的办法是行动，越不行动就越恐惧，行动本身会增强信心。保持冷静乐观的投资心态和稳健灵活的投资风格，毫无意义的等待、拖延自然而然增加恐惧感，甚至会折磨投机者变得更加神经兮兮；立马进入状态就可以解除所有紧张与不安。只要是以积极乐观的心态作指导而又不违背客观规律性，世界上没有办不成的事。与其想像得很困难，不如想像得很简单，这样才有勇气冲破困难、临危不惧、处变不惊。

投资人在投资过程中无不时时刻刻经受着贪婪与恐惧的考验，因

为我们贪婪，所以亏钱，因为我们恐惧，所以错失很多机会，因为贪婪或恐惧时常让我们做出错误的选择。而要想获利，要想赚钱，就一定要克服这种心理。

没有失败，只能暂时停止成功

俗话说："失败乃成功之母。"可以说，如果没有失败，那就意味着暂时停止成功。

美国著名的汽车巨子福特曾说："我在聘用人才的时候，总是喜欢那些经历过重大失败的人；对于那些从来没有失败过的人，我一般会慎重考虑的。"

的确，一个没有经历过失败的人，他就没有感受过失败给人的痛苦，不懂得破茧成蝶那一刻的欣喜是什么滋味。

著名的科学家乔纳斯·索尔克博士在经历 200 多次失败后，在第 201 次，终于成功发现了小儿麻痹症的疫苗。他曾在一次采访中这样讲道："在我人生的字典里没有失败这个词。前 200 次实验增加了我的经验，让我学到了许多知识。如果没有这 200 次的失败，我不可能实验成功。"

在这个世界上，没有永远的成功者，也没有永远的失败者。在失败面前永不放弃的人，最后肯定能够成功；在成功面前志得意满的人，最终难免遭受失败的打击。只有那些经历过无数次失败，又在失败中勇敢站起来并获得成功的人，才是真正的成功者。

在人生长河中，一个人要经历无数次这样和那样的事情，其中有成功有失败、有喜悦有悲哀、有获得有失去、有欢笑有泪水，无论是平坦还是坎坷，无论是顺利还是曲折，不在于事情本身的好坏，不在于世人的评说与否，关键在于自己对待失败和成功的态度，在失败面前不放弃，在成功面前不骄傲的人，才能让自己的成功持续下去。

很多人一旦遇到自己难以做到的事情就会失去信心，选择放弃。这些人却忽略了一点：即使遭遇一百次失败，第一百零一次也有可能会成功。

有这样一位年轻人，他在路过微软门口时突发奇想：自己是不是也能成为微软的一员呢？于是，他决定进去应聘。

这个时候，微软并没有招聘计划，人事经理奇怪地看着眼前的年轻人。这位年轻人说："是这样，我很想成为微软的一员，希望您能给我一次面试机会。"人事经理从没见过这样的应聘者，他同意破一次例。

面试完之后，人事经理感觉这是自己最糟糕的一次面试。因为这位年轻人不但学历不高，只有中专学历，而且对软件编程基本上一无所知。最后，年轻人说："对不起，我没有准备好。"于是，人事经理随口说："那好，我给你两个星期的准备时间。"

本来是一句托词，但年轻人却抓住了这个机会。他没有因为这次失败而放弃。回到家后，利用两个星期的时间日夜苦学，将软件编程的相关知识做了一个大体的了解。

两个星期后，年轻人又来了。这次虽然专业问题基本能

应付过去，但编程能力太差了，根本不可能进入微软。面试结束时，年轻人说："您再给我一个月的时间，我肯定能达到您的要求。"

就这样，年轻人先后5次来微软面试，前后用去了3个月的时间。通过这5次面试，微软人事经理决定破格给这个年轻人一次机会。

在第五次面试时，人事经理问年轻人为什么失败了这么多次仍然要来。年轻人回答："我不会因为失败的次数而放弃成功。在我心中，只要我认准的事情，不管失败多少次，我都会继续努力下去。"人事经理回答："恭喜你，从今天起，你正式成为微软的一员了。"

进入微软之后，年轻人拼命工作，不到一年的时间就升到了部门经理，年薪40万。

从成功者所具备的条件来看，仅仅具备很高的学历、拥有出色的才干以及一个健康的体魄还是远远不够的。无数事实证明，许多具备这3项才能的人最终仍是难逃失败的厄运。这些人失败后甚至连平静的生活都失去了，因为越是有才能的人，失败后就会更加缺乏面对生活的勇气。而成功者最大的条件就是能够用积极的态度去争取，用乐观的精神去面对，用行动来抓住机遇。

任何一次失败，都会让一个坚定的人更加坚定，勇敢的人更加勇敢。如果没有尝试过失败的滋味，你又怎么能体会到成功的甜美和来之不易呢？所以说，越是失败越应该发愤图强。历经失败的痛苦，才能找到真正的自我、感受到真正的力量。

其实，成功之路就像饥饿的人吃饭一样，当你吃了 5 个面包才吃饱的时候，并不意味着前 4 个面包是没有用的。正是有了前 4 个面包作基础，第五个面包才让你感觉到饱的。人生也是如此，之前所有的失败都是成功路上的插曲，千万不要害怕失败而放弃成功。

一个跟头就会摔出胆识

中国古代有句名言：才学胆识，胆为先。实践证明，天下不缺少有才华的人，但缺少的是有胆量的人。天下真正做大事的人，不一定都是精明的人，但一定是有胆量的人。

成功靠胆识，"识"就是见识和能力。需要指出的是，胆识是胆量与见识的全称，二者的关系是相辅相成的。拿破仑说过：一个优秀的指挥员，他的勇气与智慧应该好比等边三角形的两条边，应该平衡发展，不可偏废。

现在已成为全球最著名的企业家和富豪之一的迈克尔·戴尔，也是靠远见卓识赚钱获得成功、实现了自己人生梦想的人。

迈克尔·戴尔出生在美国休斯敦一个比较殷实的家庭，父母希望他能够成为一名医生。但戴尔天生对医学就没有一点兴趣，而商业却像磁铁一样深深地吸引着他。12 岁时，他通过邮购目录销售邮票，赚了 2 000 美元。高中时，他从各种渠道寻找最可能的潜在客户，向他们推销《休斯敦邮报》，

使平淡无奇的卖报工作成了赚钱的好差事。他利用自己努力赚来的钱买了一部车。看着这个用自己挣来的钱购买车子的少年，车行老板不禁目瞪口呆。

后来，迈克尔·戴尔还是顺从父母的意愿，高中毕业后，进了奥斯汀的得克萨斯大学学习生物，但他仍醉心于计算机。当时，他认为市场对个人电脑的大量需求并未得到充分满足，而且零售商店的个人电脑售价过高，且销售人员对电脑不是一窍不通就是一知半解。针对这种状况，迈克尔·戴尔想出了一条赚钱的好路子：通过电话订购直接出售按客户要求组装的电脑。于是，戴尔说服一些零售商将剩余的电脑存货以成本价卖给他。接着，戴尔在电脑杂志上刊登广告，以低于零售价15%的价格出售个人电脑。

此后，订单如潮。迈克尔·戴尔在他的大学宿舍里组装电脑。当愤怒的室友将他的零件堆在门口不让他进门时，戴尔知道他不应该再在学校待下去了。后来，迈克尔·戴尔离开校园，用自己的积蓄办了一家电脑公司。他向父母保证，如果生意没有立即成功，他将在秋天重返校园。

第一年，公司销售收益600万美元。此后，戴尔公司一直是全美发展最快的公司之一。迈克尔·戴尔也成了家喻户晓的"神奇小子"。10年后，戴尔公司的销售额突破20亿美元，公司股票成了华尔街投资者最喜欢的高科技股之一。

一个人的胆识有大有小，最可怕的是没有胆识。现实生活中，只有那些拥有超常胆识的人，才能够成为真正的有钱人。

你遇到的麻烦比有钱人的多吗？

这个世界上任何事情都不是凭空想像就会发生。要想让一件事情发生，你必须有所行动。在前进的道路上，你总是会遇到各种各样的挫折，你必须改变自己对这些问题的看法。你不能因此放弃努力，而必须学会解决这些问题，而且它们也是完全可以克服的。

你在生活中遇到的一切都有一种"阻力"。如果想要在天空翱翔，你必须要克服地球引力；如果想要赢得一场足球比赛，你必须打败对手；如果想要在生活的某个领域取得成就，你同样也必须克服眼前的阻力。你为自己设定了一个目标，如果想要实现它，你也必须在前进的道路上克服所有的障碍。

很多人天真地以为只要祈祷就可以让眼前的困难烟消云散，但事实并非如此。生活总是充满问题，如果事事都一马平川，则生活也必将变得枯燥无味。一座只要抬腿就可攀登的大山登起来必然毫无趣味；反过来说，只有攀登那些崎岖陡峭的山峰才能给你带来真正的快感。很多人之所以喜欢面对挑战，原因就在于此。

当你面对你的事业的时候，你就会充分激发内心的潜能，来努力实现梦想。这时你就会克服许多阻力，最终体味到成功的喜悦。一般来说，只有当人战胜一些比自己更加强大的事物时，他才会获得更大的满足感。

在克服这些障碍的过程中，你所遇到的一个问题就是：它们会让

你的生活变得更加艰难，它们会阻碍你的计划。摆在你面前的阻力是什么？是什么在妨碍着你走向成功之路？你必须找出自己的阻力，想清楚该如何克服这些阻力，并最终取得成功。你必须转换自己的视角，这样才能不被眼前的障碍吓倒。你必须把它们看成是对自己的挑战，只要努力，你就一定可以将其克服。

事实上，许多障碍都是你构想出来的。许多障碍其实只是你的心理障碍。同样，在你的事业当中，阻碍你发展的，并不是你的邻居或上司。他们并不会妨碍你尝试新事物，获取新想法。你的邻居并不会妨碍你成立一家新公司，你的上司也不会阻碍你进行任何投资。这些东西都不是问题。唯一能阻碍你取得成功的是你自己。你完全可以轻而易举地克服你眼中所有的困难，只要你首先愿意改变自己。

思路决定出路，一个人的想法决定了他的做法，也最终决定了他所得到的结果。如果你坚信自己不可能取得成功，那你就不能成功——就是这么简单。真正需要改变的阻力是你自己以及你的思维方式。当你的思想变得积极的时候，成功就离你不远了。因为这时你的身体将别无选择，只能让你成功。

找到任何一位有钱人，看看他们在想什么，你就会发现，他们的外在往往直接反映了他们的内心。你会看到，他们的所作所为，正是他们内心信念和思维方式的外在表现。

你可能仍然在跟自己童年时被灌输的错误观念纠缠不清。如果想要成为有钱人，你就必须改变自己的思维方式。要知道，你的内在终究会决定你的外在成就。

我们每个人都在努力地想要过上一种无忧无虑的生活。每次祈祷时，我们总是希望上帝能够解除生活中的烦恼。我们相信，只要能够消除生活中的烦恼，我们就会成为世界上最开心的人。可有钱人的想法则截然不同，他们知道，生活之所以美妙，原因就在于每个人都会遇到很多问题。而恰恰是由于这些问题，富翁们才能大发其财。一般人忽视问题，而有钱人则会主动寻找问题。我们想要一种无忧无虑的生活，而有钱人则知道，生活本来就是一个发现和解决问题的过程。所以要想达到有钱人的高度，我们就必须在这点上跟他们保持一致。

每当遇到问题的时候，我们总是在祈求上苍："天啊，要是……该有多好！""上天呐，帮我劝劝我太太吧，我并不会做任何改变，也不会学习如何成为一名更好的丈夫，但我希望你最好能帮我劝劝我的太太。""还有，我已经有好几年没有工作了，财务问题不断，所以如果你能再帮帮忙给我点钱，那就再好不过了！"

要知道，解决问题本身就是取得成功的一个重要组成部分。大多数人都想不劳而获，但只有那些能够直面困难，并真正从克服困难的过程中有所成长的人才能取得最终的成功。

我们来到这个世界上就是来解决问题、消除障碍的。解决问题是一项你必须要掌握的技能。之所以称其为"一项技能"，是因为它可以通过学习来掌握，并在实践过程中不断完善。而且如果想要取得成功，你就必须掌握它。

拥有克服障碍的能力是有钱人的一个共同特点。在困难面前，他们会表现出和我们不同的思维方式。他们会迎上前去，直面困难。有钱人属于这个社会最上层的 5%，他们不会回避任何问题。那些有过成功经历的人知道，这个世界上其实并不存在所谓的"无法逾越的障

碍"。也就是说，事实上所有的障碍都是可以跨越，可以克服的。

有钱人喜欢迎接挑战。他们总是在寻找可以攀登的山峰。而对于一般人来说，他们总是在遇到高峰的时候选择绕道而行。他们想要回避问题，想要从自己的生活中剔除所有的负面因素。当然，在这种思维方式的指导下，他们永远不会有任何改变，也不会有任何成长。而成功人士则会把问题看成是对自己有利的东西。

每次读到童话故事时，我们总是喜欢各种"完美"和"无忧无虑"的结局，只有这样的故事对我们才有吸引力。可我们却经常会忘记这样一个事实：这种结局往往是经过各种考验之后才会得到的，而到达结局的过程就是考验你信念的过程。

当你开始学会像一名有钱人那样思考、行动的时候，你就会用一种不同的角度来看待眼前的问题，你会学会用一种不同的方式来解决问题。一旦改变了自己的内心世界，你会发现以前各种可能会让你消沉或焦虑的因素突然之间荡然无存了。如果想要进入下一个层次，你首先就必须学会解决而不是回避问题。你这一生能够取得怎样的成就，在很大程度上取决于你如何应对自己所遇到的问题。

我曾经见过很多这样的人，在他们看来，所谓成功，就是事事如意，要风得风，要雨得雨。可问题是，越是成功的人，他所遇到的问题就越多。成功与问题本身就是一对孪生姐妹；但另一方面，你所解决的问题越多，生活也就会变得越美好。

如果你能够学会解决工作中的各种问题，你的上司就会非常欣赏你。你在他的事业中就会变得无可替代。他会不断地给你加薪、升职，想尽一切办法把你留下来。你希望自己的工作有保障吗？最好的方式就是学会解决问题。这个世界上有太多的人都能发现各种各样的问题，可只有那些能够解决问题的人才能升到顶级的位置，为什么？因为这样的人不多。

有钱人字典里没有"不可能"

"在我的字典里，没有'不可能'的字眼。"

著名的成功学家拿破仑·希尔，年轻的时候胸怀当作家的雄心。要达到这个目标，他知道自己必须精于遣词造句，字词将是他的工具。当时他家里很穷，不可能接受完整的教育，因此，很多朋友好心劝他，放弃"不可能"实现的雄心。

年轻的希尔存钱买了一本最好的、最完全的、最漂亮的字典，但是他首先做了一件奇特的事——找到"不可能"这个词，用小剪刀把它剪下来，然后丢掉。于是，他有了一本没有"不可能"的字典。他告诉自己，没有任何事情是不可能的。

在有钱人的致富宝典中，从来没有"不可能"这个词。他们谈话中不提它，脑海里排除它，态度中抛弃它，不再为它提供理由，不再为它寻找借口，把这个词永远地抹杀，而用光辉灿烂的"可能"来替代它。

　　1973 年，全世界没有一个人认为，曼图阿农场的股票能够复苏。相反，有的甚至认为，曼图阿不出 3 个月就会宣告破产。然而，巴菲特不这样看，他认为，越是在人们对某一

股票失去信心的时候，这只股票越可能是一处大金矿。当时他果断地以 15 美分的价格买入一万手。果然不到 5 年，他就赚了 470 万美元。

越是大多数人认为不可能的事，越是有可能做到。细细想来，这话确实很有道理。看似不可能的事，肯定是件十分困难、甚至难以想像的事。因为太难，所以畏难；因为畏难，所以根本无人问津，谁也不去关注，谁也不去攻击，谁也不去设防。因此，不可能实现的事，一般都没有竞争对手，第一个去尝试的人正好可以乘虚而入。可以说，世界上许多真正的大富翁，都是在别人认为不可能的情况下赚到第一桶金的。

在追求财富的路途中，时间就是金钱，每个人都在寻找自己的最佳路径。在不知该怎样选择的时候，顺其自然恰恰是最佳选择。只要你仔细观察周围的一草一木，善于思考人的一举一动，分析事情的前因后果，无数的灵感和启示就会源源不断地闯入你的大脑，"不可能"就会被无数的"可能"一扫而光。

第 **3** 章

机会和风险

有钱人为什么先吃最喜欢的菜？

先吃最喜欢的菜，否则有吃不到的风险

机会关上安全的门，却打开冒险的窗

利润是风险的定价

最大的风险是不冒险

"完全不可控"才是真正的风险

你真的"听懂"机会的敲门声了吗？

THE **MONEY** SAVING
MOM'S BUDGET

先吃最喜欢的菜，否则有吃不到的风险

请你想像一下，眼前有一盘精致的饭菜，你会先吃其中最喜欢的菜吗？还是会把最喜欢的留到最后享用？有钱人通常先吃最喜欢的那道菜。

那是因为，如果把最喜欢的菜留到最后，万一不小心吃太饱，就有可能吃不下；也可能突然发生不可预期的事情，必须在吃掉它之前就离席；还可能在没来得及下筷前就被别人吃掉了。

换句话说，如果把自己喜欢的食物留到最后享用，无法确保自己一定能吃得到。其实，这对有钱人来说，就是很大的"风险"。

尽可能而且优先排除无法预测的风险，是有钱人的行为法则。换句话说，如果风险是"可能无法吃到自己喜欢的菜"，只要在风险发生之前，把它吃掉就对了！

有钱人"对于无法预测的风险会尽可能排除"，而且会优先排除。

所以，如果有无法吃到自己喜欢东西的风险，那么，其解决办法就是尽可能在风险发生之前把它吃掉！

通常，在有钱人的大脑中会先有预想的结果，然后再从结果去逆向思考"目前应该要做的事"；但是普通人的脑中大多是顺向思考，从现在思考到未来，尽可能向前进。所以他们不会知道结果是什么，只是一味紧张地迎接即将到来的结果。

所以，可以说，有钱人其实并非"将利益最大化的专家"，反而是"将风险最小化的专家"。

举个例子来说，如果某天一只股票损失了 500 元，有钱人不会在这个损失得到弥补之前再忍耐一下，而是尽早止损，然后重新寻找投资的机会。

因为对他们来说，弥补损失所花费的时间反而是种浪费！因为在他们看来，"花费时间"其实也意味着"这期间所隐藏的机会"跟着消失了。

所以说，在有钱人的心里，非常重视"现在"这个时间点。因为下一个瞬间会发生什么事不知道，这就是一种"风险"。因此，他们尽可能把握现在，把不确定的风险排除，这才是他们的作风。

机会关上安全的门，却打开冒险的窗

自有文字记载以来，冒险总是和人类紧紧相连。虽然火山喷发时所产生的大量火山灰掩埋了整个城镇，虽然肆虐的洪水冲走了房屋和财产，但人们仍然愿意回去重建家园，继续生活。飓风、地震、台风、

泥石流等自然灾害都无法阻止人类一次又一次勇敢地面对可能发生的危险。

当我们横穿马路的时候，实际上总是有被车撞到的危险；当我们在海里游泳的时候，也同样有被卷入逆流或激浪的危险。尽管统计数字表明，坐飞机比乘汽车要安全一些，但我们的每一次飞行仍然包含着风险。毕竟我们依赖于飞机牢固的构造及其良好的性能。如果不是由自己驾驶的话，我们还必须寄希望于飞行员和整个机组。总之，任何地方的旅行都潜藏着冒险，小到丢失自己的行李，大到作为人质被劫持到世界上某个偏僻的角落。

事实上，我们总是处于这样那样的冒险境地，因为我们别无选择。我们必须横穿马路才能走到另一边去；我们也必须依靠汽车、飞机或轮船之类的交通工具，才能从一个地方到达另一个地方。

每个人在每一天都面临冒险，除非我们永远扎根在一个点上原地不动。的确，当冒险的结果不太令人满意的时候，总有人会说："还是躺在床上保险。"很多穷人从来不愿去冒险，似乎习惯于"躺在床上"过一辈子。

"千万要小心谨慎从事"，许多人都是在这样一种敦促、提醒、告诫的语言环境中一点点长大成熟的。正因为周围环境时时刻刻存在这样的善意提醒，使得一般人很难挣脱原有束缚去冒一把险。

许多人从不考虑为自己打工，因为那"太冒风险了"。接受大公司的职位是大多数人的选择，似乎其中不存在某天被解雇的风险。许多人一心只想着"干活——拿工资——花钱"，要公司"关心"他们的生活。这就是理想的低风险的工作。但是，他们错误地估计了这个职业,有朝一日,大多数人会从他们的职位上消失。

每个人面前都摆着许多令人难以置信的机遇,我们需要做的,就是去努力把握这些机遇。刚开始的时候,你好像是在完成一个不可能的任务,但随着工作的逐渐推进,你的内心会逐渐发生变化,从而导致外部的变化。最终,当万事俱备的时候,成功自然也就水到渠成了。生活就是打开一个个机遇之窗的过程,很多人之所以会错过这些机遇,就是因为他们没有作好准备。他们没有认真改变自己的内心世界,没有考虑如何为自己的将来更加努力获取知识和智慧。

乔恩·亨茨曼就是深谙险中求富之道的冒险大师,拉里·金主持的一档脱口秀曾将亨茨曼形容为"大多数美国人闻所未闻的最锋芒毕露的亿万富豪"。20 世纪 70 年代初,亨茨曼和他的兄弟将自己的房子和资产抵押出去,用 30 万美元的贷款孤注一掷,创建了亨茨曼集装箱公司。到 30 多岁时,亨茨曼已经成为百万富豪。后来的几年里,亨茨曼两兄弟又转战化工行业,并将自己的企业卖给了别人,最后净赚了 800 万美元。

20 世纪 70 年代末,作为一名虔诚的摩门教徒,已是 9 个孩子父亲的亨茨曼前往华盛顿特区传教。1982 年回到盐湖城后,45 岁的亨茨曼开始了他最冒险的投资事业:他花 4 200 万美元从壳牌石油公司手中买下了一家聚苯乙烯工厂,而他的收购手段展示了他令人难以置信的"空手套白狼"的技巧。

壳牌石油公司的管理人员也对亨茨曼的冒险能力叹为观止，于是他们在交易完成后买了一座铜像送给他，上面刻着"河船赌徒——壳牌公司友人敬赠"。"我把这个雕像视为对我的极大褒扬，"亨茨曼说，"河船赌徒是 19 世纪险境求生的高手，他们以此形容我，我感到很荣幸。多年来，我一直是壳牌石油公司最大的个人客户，我认为这是一种荣誉的象征。"

面对不可知的情况，我们都不妨把它当成一个新的机遇之窗，一个创造奇迹的机会。当机遇来临时，一定要努力把握，否则你就会与机遇失之交臂。

利润是风险的定价

风险往往与收益成正比，"高风险，意味着高回报"，换句话说，利润是风险的定价。如果你问任何一位有钱人他们是如何取得今天的成就的，答案肯定是"敢冒险！"如果不敢做一些出格的事情，你就根本不可能取得成功。大多数人之所以一辈子碌碌无为，就是因为不敢冒险。有钱人之所以能成为有钱人，就是因为他们敢于出格，敢于抓住机遇。可能你会问："如果失败了怎么办？"可有钱人则会说："如果不敢冒险，你就已经失败了。"

每一位有钱人都经历过比你我多千万次的失败。大多数有钱人至少有过一次破产经历，有的破产过好几次。大多数有钱人至少经营过 3 家企业。他们都在进行风险投资的时候失去成百上千万美元。尽管如此，他们今天仍然成了有钱人。

另一方面，有很多人从来没有经历破产。我们从来没有在生意上失败过。也从来没有失去过 100 万美元。但我们每月还是会为了付清所有账单而发愁。两者之间的区别在哪里呢？风险！

　　安德鲁是美国一位黑人家的孩子，他有 7 个兄弟，家里相当贫穷。所以，他决定把经商作为生财的一条捷径，他最后选定了经营肥皂。

　　于是，他就开始挨家挨户出售肥皂，长达 12 年之久。后来向他供应肥皂的那个公司即将拍卖，售价是 15 万美元。

　　他决定买下这家公司，但他在经营肥皂的 12 年中，一点一滴地积蓄了 25 000 美元，这只够作为保证金，然后要在 10 天内付清剩下的 125 000 美元，如果他不能在 10 天内筹齐这笔钱，不仅会失去买公司的机会，连之前投入的保证金也拿不回来。

　　在当肥皂商的 12 年中，安德鲁获得了许多同行的尊敬和赞赏。现在他去找他们帮忙了。他从私交的朋友那里借了一些钱，也从信贷公司和投资集团那里获得了援助。

　　在第 10 天的前夜，他筹集了 115 000 美元，也就是说，还差 10 000 美元。

　　安德鲁回忆说："当时我已用尽了我所知道的一切贷款的来源。那时已是沉沉深夜，我在幽暗的房间里自言自语：我要驱车到第 61 号大街。"

夜里 11 点钟，安德鲁驱车向着芝加哥 61 号大街驶去。驶过几个街区后，他看见一所承包商事务所亮着灯光。

他走了进去。

房间里，在一张写字台旁坐着一个因深夜工作而疲惫不堪的人。

安德鲁意识到自己必须勇敢些。

"你想赚 10 000 美元吗？"

安德鲁直截了当地问道。

这句话把那位承包商吓得向后仰去。

"当然想了，谁不想发财呢？"他答道。

"那么，给我开一张 10 000 美元的支票。当我奉还这笔钱时，我将另付 10 000 美元的利息。"安德鲁对那个人说。

他把其他借款给他的人的名单给这位承包商看，并且详细地解释了这次商业冒险的情况。

那天夜里，安德鲁在离开这个事务所时，衣袋里已装了一张 10 000 美元的支票。

之后，他不仅在那家肥皂公司，而且在其他 7 家公司，包括 4 家化妆品公司、一家袜类贸易公司、一家标签公司和一家报馆，都获得了控制权。

正是安德鲁的巨大冒险精神成就了他的商业传奇。的确，对于个人发展来说，冒险在很多时候是通向强者的必由之路。在很多情况下，强者之所以成为强者，就是因为他们敢为别人所不敢为。

生活本来就充满了风险。我们每天都会面对各种各样的风险。如果想要在生活中取得成功，你就必须去尝试一些东西，抓住一些机会，进入一些你从未涉足过的领域。大多数人都只是在夸夸其谈，但却从来没有投入太多时间进行尝试。有钱人则不会这么做，他们更愿意付诸实践。

一方面你要不停地学习，但另一方面，你也要学会实干，用你所学到的东西帮助自己取得成功。如果你只是口头说说，告诉每个人你想要努力，想要出人头地，但却从来没有采取实际行动来证明自己的决心，那你就只能是空谈，最终将会一无所获。不知你是否接触过那些典型的空谈者，他们在过去的 10 年甚至 20 年里一直在讨论一个"绝妙的创意"，并且费尽口舌让你相信他们的创意真的能带来滚滚财源。可在实际生活中，他们仍然日复一日地重复自己的生活，20 年之后，如果再次见到他们，你会发现他们的生活仍然没有任何改变。

要想成为有钱人，一个最重要的原则就是要学会冒险。在现实生活中，任何事情都会伴随着一定的风险，而这些风险也会给我们带来切实的回报。这个世界上从来没有不带风险的回报。

好了，现在就行动吧！告诉自己：你要成为一个敢于冒险的人。你会做一些以前没有做过的事情，给自己一个机会，让自己的人生从此变得不同。

最大的风险是不冒险

我曾经参加过一个企业界的顶尖精英聚会，席间聊到"为什么职

业经理人很少成大老板？"大家各抒己见，其中一个朋友答道：职业经理人都是高智商、高情商，但老板往往是胆商第一。

朋友的话一出口，大家拍案叫绝！这话说得一点不错，职业经理人因为高情商、高智商，做事往往想得特别通透，难免畏首畏尾。而这种行事风格，只会使好机会擦身而过。

在现代社会，不敢冒险就是最大的冒险。没有超人的胆识，就没有超凡的成就。胆商是使人从优秀到卓越的最关键的一步。

很多成功者为什么能白手打天下，就是因为有敢为天下先的超人胆识。

比尔·盖茨靠什么法宝建立了他的微软帝国？他为何在竞争激烈的现代经济中独占鳌头而历久不衰？

在比尔·盖茨看来，成功的首要因素就是冒险。在任何事业中，把所有的冒险都消除的话，自然也就把所有成功的机会都消除了。他的一生，最持续一贯的特性就是强烈的冒险天性。他甚至认为，如果一个机会没有伴随着风险，这种机会通常就不值得花心力去尝试。他坚定不移地认为，有冒险才有机会，正是有了风险，才使得事业更加充满跌宕起伏的趣味。

事实上，对冒险精神的培养，比尔·盖茨从学生时代就开始了。他在哈佛的第一个学年故意制定了一个策略：多数的课程都逃课，然后在临近期末考试的时候再拼命地学习。他想通过这种冒险，检验自己怎么花尽可能少的时间，而又能够得到最高的分数。他做得很成功，通过这个冒险他发现了一个企业家应该具备的素质：如何用最少的时间和成本得到最快最高的回报。

他总是在培养自己好斗的性格，因而被人骂做"红眼"（人在紧张时肾上腺素冲进眼睛，导致眼睛通红）。久而久之，他成为令所有对手都胆怯的人物，因为他绝对不服输，绝对不会退缩，绝对不会忍让，更不会妥协，直到取得胜利。这种个性成为他创业时期的最明显的特征，他令一个个对手都败在了自己的手下。

但是他同时又是一个最不满足的人。到了20世纪90年代，他已经成了世界首富，但是不满足的心理依然驱动着他继续自己的冒险事业。在一次接受记者的采访时他说："我最害怕的是满足，所以每一天我走进这间办公室时都自问：我们是否仍然在辛勤工作？有人将要超过我们吗？我们的产品真的是目前世界上最好的吗？我们能不能再加点油，让我们的产品变得更好呢？"

比尔·盖茨最喜欢速度快的汽车和游艇，他私人拥有两部保时捷汽车和两艘快速游艇，毫无疑问这是他不断锤炼自己的冒险性格的工具，他因而经常接到超速的罚单。

一个人驾驶汽车到沙漠旅行，一个人驾驶飞机飞越崇山峻岭，一个人驾驶游艇遨游大海，这都是比尔·盖茨常做的。

风险可能会导致你失败，但也会使你获得意想不到的收获，不冒

风险看似安全，但它只会使你的一生在平庸中度过。

在这个世界上，每天都有许多天才默默无闻地走进了坟墓。而导致他们一生碌碌无为的最关键因素就是他们不敢冒险。他们没有勇气接受人生的挑战。罗斯福说："在人的一生中，没有什么值得害怕的，唯一值得害怕的，只是害怕本身。"

一个年轻人离开故乡，开始创造自己的前途，要去实现人生的梦想。他动身的第一站，是去拜访本族的族长，请求指点。他对族长说："我的一生不能平庸，我不愿与草木同朽，我要与日月同辉，我要建立丰功伟绩，我该如何去做？"老族长正在练字，他听说本族有位后辈开始踏上人生的旅途，就写了3个字：不要怕。然后抬起头来，望着年轻人说："孩子，人生的秘诀只有6个字，今天先告诉你3个，供你半生受用。"10年后，这个年轻人已建立起了一个超级商业王国，取得了巨大的成就。归程漫漫，到了家乡，他又去拜访那位族长。他到了族长家里，才知道老人家几年前已经去世。其家人取出一封密信对他说："这是族长生前留给你的，他说有一天你会再来。"他这才想起来，10年前他在这里听到人生的一半秘诀，拆开信封，里面赫然又是3个大字：有何怕？

每个人来到这个世上，早已经被宣判了死刑，只是我们不知道是什么时候，以什么方式来结束我们的生命而已。每个人最终都是要死的，反正大不了也就一死。死是一个人一生中最难的事。既然我们最终都会去面对这人生中的最难，那还有什么困难是我们所不能面对的呢？在短暂的人生旅途中，困难、失败又算得了什么？最重要的是我们曾经放手去拼搏过，去尝试过，去奋斗过！

据社会学专家预测，未来的社会将变成一个复杂的、充满不确定性的高风险社会，如果人类自由行动的能力总在不断增强的话，那么不确定性也会不断增大。各种变化已经在我们身边悄然出现，勇敢地投身于其中的人也越来越多了。竞争意识的萌发，使敢于冒险的人们有了危机感，主动应对各种风险。缺乏竞争意识、忧患意识，安于现状、不思进取的人们，如果还没有被惊醒，就会被时代所抛弃，被前一种人远远甩在后面。

"完全不可控" 才是真正的风险

假如你眼前有两台赛车。A车的故障率是零，5年内不曾发生事故，也都没有故障。每次都以非常好的成绩跑回终点。

B车每次回到维修区时都会出现故障，每次都需要修理。基本上就是边修理边跑的状态。所以和A车比较起来，赛车的成绩没有那么好。虽然这样，每次也都可以跑回终点。

那么，请问一下大家：如果要买这二辆车的其中一辆，你会选择哪一辆？

我想，大多数的人应该都会选择A车。理由很简单，因为这辆车是零事故的"优等生"。跟老是有故障的B车比起来，当然零事故又没故障，比赛成绩还很好的A车才是最佳选择。

67

但是，有钱人并不会这么想！

如果是我，我会选择B车。理由是一开始我就知道B车有"故障"这个"风险"。而且我也知道B车每次进维修区就会出现故障。我还知道，虽然B车每次都会出现故障，却都还能够跑回终点。

换句话说，只要一发生故障，大家都知道怎么维修这辆车，这个故障的修理方式已经被掌握。只要能够修理好，还是能够跑回终点。

反过来看看A车。

的确，A车完全没有故障，能够在赛事中非常顺利地跑完全程。但是，这并不代表A车永远都能够维持这样的状态。也没有人能够保证A车永远都不会发生事故。

万一在下一次的赛事中出现故障怎么办？哪里故障？该怎么修理？这些问题都没人知道。因为A车从来没有发生故障，突然故障时也不会有人知道哪里出现问题，所以也就没有人知道该怎么修理。

而这突然来的故障，有可能就会成为A车最大的"致命伤"。换句话说，零故障其实就是"风险"无法掌握的意思。

对有钱人来说，这是最害怕也是最想避免的事。因为他们并不畏惧风险，而最害怕的是不知道风险在哪里！因此对他们来说，他们无法掌握A车今后会在什么时候、发生什么故障，也就是说A车具有"看不见的风险"。

另一方面，B车即使容易故障，但是事前已经知道"进维修区就会出现故障，这时只要修理好就可以继续跑"。所以，即使是故障，只要应对得宜，就没有问题。

就这样，有钱人会尽可能掌握风险，进而思考如何将风险控制在最小范围的方法。所以,有钱人其实不是"赚很多钱的专家",而是"风险控制专家"。

你真的"听懂"机会的敲门声了吗?

一位智者曾经反复告诫那些来向自己求救的人:"要学会倾听,用心理解。"每次说完一个寓言之后,他都会说:"我希望你们能够听清我讲的故事,但更重要的是,我希望你们能听懂它们。"

听清是一回事,但理解却更加重要。仅仅是听清一句话并不会改变任何东西,只有真正的理解才会为你的生活指明方向,并让你采取切实的行动。

仔细想想,相信大家都不止一次地听过"如何致富"的演讲,但你又能真正理解多少呢? 我是怎么知道这一点的? 因为在听完这些演讲之后,我的生活并没有发生任何变化。

只有在真正理解一件事情之后,你才会采取实际行动。而一旦做到真正理解之后,你就会发现,自己面前原来有着无数的机遇。我希望每个读到这本书的人都能明白,生活中的富足其实无处不在。股市上有那么多股票,只要你能真正读懂它们,每一只都可能是你的投资机会。这个世界上有那么多需求,每一个需求都是你创业的机会。

多年以来,我们一直在努力地工作,希望能够让自己变得富有。可正像你所看到的那样,我们并没有真正理解致富的途径。一旦真正理解怎样才能获取财富,我们就如同向机遇之湖撒开了一张巨网,获取财富自然也就易如反掌。

　　问一下自己，你在房地产上做了哪些投资？你是否可以告诉自己的朋友："多年以前，我买下这块土地时，价格只有×××。可你看看今天，它的市价已经飙升到当初的 10 倍了。我早就知道，这笔投资一定是划算的。"

　　为什么你没能这么做呢？因为你并没有真正理解投资的机会。我相信，每个正在读这本书的人都遇到过这种问题。或许很多年以前就有人告诉过你投资房地产的诀窍，但你当时并没有真正理解对方的告诫。而正是由于缺乏真正的理解，所以你才错过了这些投资机会。

　　我想再重复一遍——因为这实在重要：

　　你的大脑总是会把那些自己没有真正理解的东西拒之门外。

　　你的大脑同样会拒绝那些你并不理解的信息。你的身边经常会有各种各样的投资信息，但你总是置若罔闻。可相比之下，有钱人却已经学会了听懂机会的敲门声，所以他们总是可以一次又一次轻松地赚到钱。

　　10 年前，你知道自己应该买下那块土地。7 年之前，你告诉自己："看看，它的价格已经涨了多少啊！我应该在 3 年之前把它买下来。"5 年之前，你望着同样一块土地，告诉自己："看看，这块土地又升值了。要是两年前我能买下它该有多好啊！"时至今日，再次来到这块土地上的时候，你还是重复同样的话："5 年前我就该把它买下来。"

　　这时你已经真正理解了眼前的投资机会，于是你告诉自己："要是我今天买下来的话，相信再过 2 年，我就不会再后悔了。"

　　到目前为止，你脑子里蹦出过多少个创业点子了？"哎呀，我早就想到那个了！要是当初动手，我现在已经是名百万富翁了。"你之所以还没成百万富翁，就是因为你没有真正理解百万富翁的语言。所以你一直都没有采取行动。

虽然身边一直有人在告诉你很多机会，但除非你能听懂他们的语言，并真正理解它们，否则你就永远不可能抓住机会，并进而让自己变得富有。

多年前，我的一位朋友告诉我："赶快买微软的股票。"

我回答说："我现在每小时只能赚 3.35 美元。"

他告诉我："自己想办法，赶紧买。"

我当时并没有把他的建议放在心上。要是当时能每周抽出 10 或 20 美元去买微软的股票，那我如今已经腰缠万贯了。朋友告诉了我这个机会，可我却并没有真正理解这个机会的重要性。

看看你身边大多数有钱人，你知道他们的钱大部分都是通过投资房地产赚回来的，"上帝，这些家伙真是太幸运了。"可事实并非如此——你只是看到了他们的收获，却没有看到他们在办公室里奋战的情景。

正像我前面说过的那样，为了寻找成为有钱人的秘密，我读了无数的书，听了无数的 CD，只有在付出所有努力之后，我才突然领悟到有钱人和我们的想法有多么不同。

　　我至今还记得自己第一次买下一块不动产时的情形。看到这块地皮的时候，我突然想起自己几年前看到的竟是同一块地皮。

　　我向经纪人询问它的价格，经纪人告诉我是 22.5 万美元。

我说道："你是说比索，是吧？因为两年之前我差点用 10 万美元把它买下来。"然后我告诉对方："我的答复是不，谢谢。"

可就在要上车时，突然之间，我所学到的那些东西发生了作用。我开始领悟到有钱人的思维方式了。

于是我不再想着自己遭受了多少损失，相反，我开始关心能够得到什么。要是我今天买下它的话，明年它会值多少钱呢？于是我告诉对方："行，我买下了。" 2 个月之后，这块地皮的价格飙升到 30 万美元。就这样，我一步步取得了今天的成就。

有钱人所使用的语言也是一般人所不理解的。所以我们会不断地排斥它。每次在机遇之湖泛舟的时候，我们都会收起自己的钓鱼竿，然后空手回家。我们只能听懂"普通人"的语言。我们的父辈们就是这样生活的。我们从小受到的教育不就是如此吗？"好好学习"，"找份好工作"，"别冒险"，"努力工作"。

该清醒了！从现在开始，你要学会有钱人的语言，去实现自己的希望，追逐自己的梦想。

第4章

消　费

为什么有钱人越花越有钱？

选择了一种消费方式，就选择了一个社会阶层

花钱反而赚钱？

消费前分清"想要"和"需要"

终结你的"拿铁因子"

信用卡和按揭在还清以前都是欠款

"花在哪儿"比"花了多少"更重要

THE **MONEY** SAVING
MOM'S BUDGET

选择了一种消费方式，就选择了一个社会阶层

穿着 T 恤衫、紧抓高尔夫球杆的男人，身着晚礼服、怀抱贵妇狗的女人，带泳池的大别墅……这就是"富人国"公民的标准形象。所谓"富人国"，就是那些拥有百万美元以上家产的有钱人，这群仅占美国人口 1% 的群体，事实上"已经形成了他们自己的一个'国家'"。要知道，他们一年内赚的上千亿美元收入，甚至比法国、意大利或加拿大的全国总收入还要多。

而这些有钱人的消费方式，为社会其他阶层设定了模仿的新标准，才使得有那么多人为了追逐 Gucci、LV、Burberry 之类的英文字母而卖命地赚钱。如果抛开"追求虚荣"、"过度消费"的偏见，从另外一个角度来看，我们可以认为，这种模仿其实是一种励志行为：选择了有钱人的消费方式，实际上就选择了有钱人这个社会阶层。

为什么成千上万的普通人愿意一掷千金，去购买贵得令人发指的衣服、手表、首饰、名牌包、鞋以及其他奢侈品？是什么让他们在奢侈品的专卖店门外辛苦排队数小时，并忍受无礼的对待？难道这一切只是为了一只印着巨大商标的帆布包？为什么中国的普通行政人员愿意用整月薪水换取一只 Gucci 的钱包？为什么在香港，上至富商巨贾下至平民百姓，都有一只或几只瑞士手表？为什么韩国的白领女性将 Ferragamo 鞋子视为基本装备？

答案就藏在人们财富观念的改变里。现在，血统、家族之类的"先天性标志"已经靠边站，人们有了崭新的确立社会地位、展示个人形象的方式，那就是"以财富论英雄"。人们不用再担心自己的出身，只要赚到足够的钱，就能成功上位，赢得尊重。

但是，怎么才能将银行存款转化为相称的社会地位，为自己赢得尊重呢？那就是名牌消费品。生产者把自己的商标包装成醒目的品牌标志，跨越了语言障碍，让人们用唾手可得的简便方式，明确无误地显示自己雄厚的经济实力。如果你拎着一只价值 500 美金的 LouisVuitton 皮包，那就等于告诉周围人，你家底殷实；如果你手上挽着的是一只招摇的价值 10 000 美金的 Hermès 柏金包的话，毫无疑问，你就是显贵人士。

在这个创富时代，人们认为自己的衣着方式能充分代表并展现自己。Ferragamo 鞋与 Gucci 包不仅仅是女孩们对潮流的追逐，Rolex 手表与 Armani 套装也不仅仅是男人们的名利场装备，它们标志着一种社会阶层。你穿戴的名牌展示着你的身份和自我价值。崭新的、用名牌划分社会等级的方式正在替代原有的划分标准，其依据就是你的 Chanel 套装和 Cartier 手表。

路易斯戴的手表，就是一只价格不菲的劳力士。除了这只手表外，其实路易斯还有十几块高级手表，不过他却对劳力士的手表情有独钟。

劳力士的手表，路易斯一共拥有 8 块，所以能根据不同的场合与目的更换。例如有些适合工作场合，有些适合与友人碰面，还有的适合运动，也有的适合游玩。

当被别人问起，为什么这么喜欢劳力士手表，同一品牌要买这么多只时，路易斯都是回答"因为我喜欢劳力士"，而事实也的确如此。

如果仅将手表视为"看时间的工具"，那么拥有这项功能且价格便宜的其他选择比比皆是。依照这种逻辑，当路易斯要买下高级手表，被他人说成"很浪费"时，也只能低下头无言以对。

尽管如此，路易斯还是想要劳力士的手表，当他一个人面对电脑工作时，戴着劳力士的手表可以让他产生一种非常不可思议的舒适感，工作也因此得以顺利进行。就算他一贫如洗，只要他有"想要劳力士手表"的欲望，就会努力不懈地工作，让自己有可以负担高额售价的收入。

对像路易斯那样的人而言，正是因为对某项事物产生想要获得的欲望，之后亲身感受到那种到手的喜悦，才得以努力积攒财富，并逐渐走向有钱人之路的。从这个角度来看，这种行为完全符合逻辑。因为这种满足欲望的行为，才是促成一个人成为有钱人的强大动力。

花钱反而赚钱？

会花钱就等于赚钱，也许这样说有点不合常理。毕竟，在大多数人的理念里，花钱总是和吃喝玩乐联系在一起。所以有不少人在挣了一些钱之后，总喜欢深藏不露。更有甚者终其一生，花费甚少，身后却留下巨款一笔，让人大吃一惊。

会花钱，就是会投入，只有懂得如何投入，才能得到很好的产出。常听朋友们在一掷千金挥霍后，仍然豪气万丈地说，这点钱算什么，只要我花得开心就行。不过，花得开心不等于花得多，花得多也不等于花得开心。

会花钱就等于赚钱是有前提的，不是花 10 元钱，换来了 10 元的货这样简单，而是花了 10 元钱，得到 12 元，甚至更高价值的商品，这才是真正意义上的赚。会花钱就等于赚钱的前提是花费之前多思量，凭一时冲动或心血来潮花钱，其结果常常是换来一时的快感或满足，并没有得到更多的利益。当然，这种经大脑思考过后的决定，可不是讨价还价或优柔寡断，而是在消费之前将自己定位成一个合格的市场调研员。

认真看看你周围的人，那些从小就大手大脚地请朋友吃饭或者花钱的人，到现在依然有条件大手大脚地花钱；而那些每次一到了付钱时就没有带钱包的人多少年之后，依然过着拮据的生活。似乎越花钱的人越有钱，越舍不得花钱的人却越穷。

不想不要紧，一想真的是吓一大跳。怎么可能？我们自古以来都是在教育着：只有节约才能省下来，越节俭越能攒钱；不管赚多少，

只有省下来的才是自己的。这些理念难道都是错误的吗？

我们可以经常看到有些人出没于高档的消费场所，喝的酒多是顶级的、珍藏版的、限量发行的，每一次消费都是几千上万的，奢侈吗？按理说，他们这样花钱，应该是越花越少才对啊，但是事实是，他们的钱却是越花越多，似乎这又印证了"越花钱的人越有钱"的结论。

讲到这里，肯定会有人心里想：废话，我要是身家有个上亿资产，不要说上亿就是上千万我也会那么消费的。然而，现实究竟是先有花钱的习惯、思维之后才变得有钱，还是有了钱之后才适合花钱请客呢？

如果是后者，那么节俭可以致富就是正确的了，因为，我们也只有靠自己的节俭才能攒下更多的钱，我们也应该更少花钱，那样，我们也才能早日富裕；但是如果结论是前者的话，那么，我们是不是就说一贯的节俭就是错误的呢？或者有其他的奥秘呢？

社会上节俭的人实在太多了，80%以上的人，都是不断节俭着，把能省的都省下，能少开支就少开支。而对于有钱人呢？他们银行里的存款占到自己财富的1%都不到，而这些钱也就是为了自己近一段时间花费的开销。其他的钱绝对不会放在银行里，不但不会，反而会想方设法从银行里贷款。银行是什么？银行就是一个把不喜欢花钱的人的钱聚集起来，给那些喜欢花钱的人花的地方。所有80%主张节俭、少花钱的人的钱，都是被那些喜欢"大手大脚花钱"的人所花着，而最可恶的是，这些人越花钱还越多。

如果你不喜欢花钱，那么结果就只有一个，那就是你的钱让别人来帮你花。

而为什么越花钱的人越有钱，而越不喜欢花钱的人越贫穷呢？本质就是思维的角度不同。节俭的人的思维模式，永远都是：买东西的时候，能便宜就便宜，攒下钱还有其他用处呢，等以后钱攒多了再买，想的都是等有钱了以后怎么怎么样。

那么，有钱人又是怎么想呢？对喜欢的东西，他们永远考虑的都是：我如何做才能够买到它呢？我如何才能赚到那么多的钱呢？大家发现了吗，由于他们想的是如何才能赚到钱，而不是想：有钱了之后才怎么怎么样。就这一个差距，使得有钱人的赚钱的点子、方法越来越多，而这些都是伴随着自己的欲望、自己的野心而成长着。今天赚的钱开上了奔驰，明天喜欢上了别克，他就开始想现在赚的钱太少了，怎么才能赚更多的钱？接着，他会迅速调整自己的工作，调整自己的事业，进而买到自己喜欢的东西，进而过着别人不可思议的生活。

另外，如果从宇宙的能量的角度来看的话会发现，我们内心长久向往什么，能量就会实现什么，这就是宇宙的吸引力法则。心想则事成。认真反思自己的生活，我们的今天正是我们过去思考的结果，那么，明天也必然是今天思考的结果。

现在认真来回味一下"越花钱的人越有钱，越舍不得花钱的人越贫穷"的结论吧。

过奢侈的生活！大手大脚地花钱！始终记住，不要按照你的收入来过日子，这样能使你自信！如果你现在穿着你喜欢的衣服，喜欢的鞋，挎着自己喜欢的包，是什么感觉？肯定比现在自信很多倍！而自信带来的价值呢？是你的能力成倍地增加。自信的力量是巨大的，人一旦有了自信，就会干成别人认为不能做的事情；人一旦有了自信，就会干成自己不自信的时候认为做不成的事情。自信，可以让一个人

更乐于与人交往，更乐于表现自己，进而有更好的心态，有更好的环境，进而就会有更多的人愿意与你交往，愿意把好项目和有用的投资信息与你分享，进而会让你有更好的收入，如此就可以进入良性循环。

人突破习惯是很难的，尤其是突破根深蒂固的思维习惯。但无论怎么难，请改变吧，立刻改掉以前舍不得花钱的习惯，现在就以"如何做才能赚到钱实现你的欲望"的思维来思考问题。不过请注意，我在这里是在倡导花钱，敢于突破自己一步步过上富足美满、自己所向往的生活，而没有倡导大家去浪费钱。

赚钱是为了消费的，而不是用来浪费的，而花钱也是有艺术的，至于应该怎么花，有钱人有这个理念：钱只要不浪费，所有花费都是合理的。例如一双价格不菲的鞋子，相信除了可以提升自己内心的自信和社会地位之外也是为了耐用，因为这是一种投资观念。悟透了这一点，对于越花钱越有钱，越舍不得花钱越没钱的理念，你会有透彻的认识的。

花钱是一门学问，有的人花了1元却挣了100元，有的人花掉100元却一文不赚，更不要说全部赔光的了。会花钱，就是会投入，只有懂得如何投入，才能得到很好的产出。

消费前分清"想要"和"需要"

要想成为有钱人，我们就必须积累资产，而不是负债。能让人终生受用的最保险的办法，就是少花多赚，然后再用剩下的钱理性投资。但太多的人却没有区分清楚什么是"所需"，什么是"所想"，放纵自己的欲望过度消费，也因此损害到他们的"财富健康"。

在我们身边，有很多人一出校门便找到一份能让自己衣食无忧的好差事，然后就走上了过度消费之路。最初往往是无意而为之，或许只是用手头的信用卡买了一张新餐桌，但马上发现餐盘和刀具不配套，于是换掉；接下来是长沙发，越看越觉得和优雅别致的餐桌不搭调，不过，好在还有信用卡，谢天谢地——该是换掉这个破沙发的时候了。但没过多久，这些亲爱的朋友又注意到，旧地毯根本就配不上新沙发，于是，他们开始在五彩缤纷的广告里疯狂搜罗，为他们的新沙发找上一张相配的波斯地毯。然后，他们开始梦想着再添置一套新娱乐系统，而后是全面装修，最后还有一次夏威夷豪华游。

与其说他们生活在"美国梦"之中，还不如说他们早已经深陷魔幻世界的梦魇而难以自拔。宙斯惩罚惹恼了众神的西绪弗斯的方式，就是让他不断把巨石推上山，而每当接近山顶，巨石就会滚回山脚。不良消费习惯也让很多消费者面对同样残酷的恶性循环。每当债务快还清的时候，他们就会忍不住给自己一点奖励。这就让负债的"西绪弗斯"巨石越滚越大，最终把他们推入永不见天日的深谷。

攒钱买东西（而不是以信用卡购买）是 20 世纪 50 年代的事，早已过时了——至少今天的很多消费者是这么认为的。而结果自然不难想像，21 世纪给了我们堆积如山的负债，而我们唯一能做的事情就是把这些负债藏起来，让我们的外表依旧光鲜靓丽。

在成为有钱人之前，首先要学习如何攒钱。如果我们想凭借中低收入者的薪水致富，那么就必须彻底摒弃那些令很多人吃亏的消费习惯，在消费前分清"想要"和"需要"，谨慎对待每一分钱。

　　大学毕业几个月之后，杰弗里到一所学校教授 7 年级课程。那时，他盘算的就是凭着低房租和低生活成本还清自己的学生贷款。

　　马铃薯、意大利面条和蛤蜊就是杰弗里所能找到的最便宜的"美食"。蛤蜊可以提供大量的纯蛋白质呢。于是，他就拎着篮子在沙滩上四处闲逛，他每次都能收获一大堆蛤蜊。回来后，他用微波炉烘烤马铃薯，或用水煮熟意大利面，把蛤蜊一股脑地扔进去，再加一点橄榄油。瞧瞧，这就是不到 1 美元的晚餐！日复一日地吃如此乏味的东西，和吃狗食似乎没什么区别。不过，每月只花掉工资的 30%，也确实让杰弗里的负担不断缓解，因为他可以用 70% 的工资偿还负债。

　　与室友分担房租也能削减生活成本。但杰弗里根本就不想支付房租，于是，他寻找那些为躲避冬日寒冷而去南方度假的人，看看他们是不是想找人看房子。

　　住在不用花钱的房子里，不管冬天多么寒冷逼人，杰弗里都不会打开加热器。为了控制成本，他把所有的衣服层层套在身上，在屋子里踱来踱去，而窗外正是大雪纷飞。如果房间里有壁炉的话，那当然是求之不得了。夜里，他会把火烧得旺旺的，裹个毯子在壁炉旁边睡觉。待早晨醒来，炉火早已熄灭，他经常能看到自己呼出的白气。

　　由于对独处的自由情有独钟，于是，杰弗里最终租了一间地下室，每月房租才 350 美元。但低房租同样也会带来很多不便。在这段时间里，每天为了上班又节约油钱，他不得不骑自行车了。这样做为他节省了一笔不小的开支。

而每天骑着一辆破旧的山地车顶风冒雨飞奔几十英里上下班，也给杰弗里带来了在致富之路上笨鸟先飞的优势。杰弗里在那时已经有了自己的投资组合，足以让他用现金全款购买一辆全新的运动跑车，也可以租一套海滩公寓，问题是杰弗里不想这么做。但和他一起共事的人，肯定会以为他早就破产了。

有一天下班回家时，杰弗里在加油站遇到了一位同事。他们都是去加油的，但杰弗里买的是食用油。就在杰弗里跨上自行车准备开路时，同事跑上来，把一块叫"能量棒"的运动员食品塞进杰弗里的嘴里，充满怜悯地说："杰弗里，我们真应该在学校里帮你捐点东西啊。"如果杰弗里以为她是在开玩笑的话，他肯定会捧腹大笑。可惜他真的笑不出来。

因为从 19 岁起就开始投资，因此，杰弗里已经拥有了一颗不断长大的金蛋。但他丝毫没有卖掉一部分投资去偿还助学贷款的想法。他把扣除生活成本之后的全部收入都用来偿还贷款。在从事这项全职工作的一年之后，他终于还清了债，这一年的日子简直与苦行僧无异。之后，杰弗里开始信心百倍、满腔热情地用全部剩余收入进行投资。

在还清助学贷款的 6 年之后，杰弗里在海边买下一处房产，从此走上了投资致富之路。

当然，我们没必要像杰弗里那样过一种苦行僧式的生活，但我们

总能养成良好的消费习惯，在消费前分清想要和需要。这种负责任的消费习惯总是被那些想致富的人置若罔闻。这也是很多接近退休年龄的人在本该周游世界或是与子孙共享天伦之乐的时候还不得不工作的原因之一。自然，并非每个人都拥有相同的工作理念，但有多少人会在临终之前哀叹悲鸣："老天爷呀，我真希望我把更多的时间都花在工作上了啊，"或是"天哪，我真希望他们在 2015 年就提拔我呀"。

大多数人都更喜欢自己的兴趣爱好而不是工作，更喜欢孩子而不是商务手机，更看重安静思考的时刻而不是嘈杂混乱的会议室。我当然也不例外，而正是出于这个原因，我才学会了控制花销，对自己的钱进行有效投资。

假如你是个年轻人，在看到别人拿着价格不菲的最新款玩具时，你或许会想，他们是怎样得到这些玩具的。其中很多东西或许就是用信用卡购买的，而随之而来的往往就是无数个不眠之夜。在他们当中，很多人永远都不会真正致富，相反，他们或许始终要生活在压力之下。

通过学习怎样像有钱人那样去花钱，你终会拥有财富而远离焦虑。

终结你的"拿铁因子"

就像理财专家所谓的"拿铁因子"，一天喝两杯拿铁咖啡听起来没什么，但是 30 年后因为复利的关系，等于喝掉两百万美元！我认为大家不要只听听就算了，而要检视自己是否有"可乐因子"、"奶茶因子"或"炸鸡因子"，找回流失的健康和小钱，一段时间后就会很可观。

很多人喜欢在炎热的天气买杯泡沫红茶，或是到便利超商买罐饮料，其实这都是金钱流出的缺口，虽然一杯的价格不是很高，但是如果每天上班前喝杯咖啡、下午买罐可乐解暑，晚上在家附近又买杯奶茶，一天下来要几十元，一个月就几百元。

如果我把你唤醒，告诉你，"如果你能戒掉喝苏打水的习惯，我可以给你 300 万美元"，你能做到吗？如果我告诉你，"如果你能戒烟，我可以给你 600 万美元"，你能做到吗？下面我就会告诉你，戒掉生活中的这些坏习惯是如何为你节约数百万美元的。当然，这并不是我要在本书中谈到的主要内容，它只是能帮助你节约资金，更好地用于投资罢了。

如果能够改掉一些坏习惯，你一生当中就可以省下数百万美元。所以说："自制力能带来财富。"

不妨把这一点跟前面讲过的"财富目标"部分结合起来，通过戒掉坏习惯为自己积累更多资金，然后将其用于投资，以帮助你更好地实现自己的人生目标。举个例子：

一般情况下，如果你每天喝了杯可乐，一天你就要花掉 4 美元。每周 7 天，也就是 28 美元。这听起来似乎并不是大数字，但如果以年为单位来计算，你每年就要在可乐上花掉 1 456 美元。如果你把这笔钱用于投资，按照一般收益率计算，一年之后你的收益将达到 1 601 美元（这只是一般的投资，如果你将其投资到不动产上，收益可能会更多）。如果按 20 年计算的话，你在可乐上的花费一共是 8.9 万美元；如果按 30 年计算，你在可乐上的花费将是 25.7 万美元；按 40 年计算，你的花费将是 69.2 万美元；按 50 年计算，你在可乐上的花费将达到惊人的 300 万美元。所以如果你在 18 岁的时候戒掉喝可乐、抽烟以及零

食 3 项开销的话，等到 37 岁的时候，你所节约下来的钱就将达到惊人的 900 万美元——这还不包括你将这笔钱用于投资所产生的收益。

经常有人告诉我，说自己根本没有钱用来投资。我说："戒掉喝苏打水的习惯。这样你就有钱了。"

美国人一般都会有 3 个坏习惯。我所谓的"坏习惯"，指的是那些会让你上瘾，耗费你大量金钱的习惯。比如说星巴克、香烟、苏打水、快餐食品或者拥有 7 000 个频道的有线电视。每个正在读这本书的人每天至少都会因为这些坏习惯而花掉 12 美元。

如果你每天抽 1 包或 2 包香烟，喝 3 杯苏打水，或者是一个星期吃 4 次快餐，或喝 3 次星巴克，这就说明你拥有 3 项坏习惯。10 年之内，这些习惯将耗费你 900 万美元。

有趣的是，所有人都有自己的坏习惯，但我们并没有意识到的是，正是这些习惯在阻碍我们前进。它们想让我们脱离正确的轨道：我必须喝可乐，必须抽烟——我们感觉自己的确需要这些东西，可事实上，它们不仅在伤害我们的身体，还在偷取我们完全可以用来投资未来的资金。

可悲的是，我们甚至没有意识到这一点。我们会告诉自己"哦，这只不过是 3 美元罢了"，可事实上，这些东西正在慢慢偷走我们投资未来的能力。

除非我把你唤醒，告诉你如果你能戒烟的话，我就会给你 300 万美元，否则你很难有动力去戒烟。有多少人会为了得到 300 万美元去改掉喝可口可乐的习惯呢？我想这正是我们所要思考的。

不妨告诉自己，"只要我能改掉这个习惯，就会有人给我 300 万美元。"可能你会有 4 个坏习惯。这样你就会有更多的钱用来投资，这些资金又会自行增值。当你有了 2.5 万美金存在银行的时候，你就会吃惊地发现自己居然有了那么多可以随意支配的资金——比如说你可以从银行贷款。当你在银行的存款达到一定金额的时候，他们就会说，"好吧，如果你需要的话，我们可以贷给你更多钱，拿去用吧。"这样的话，你就可以支配更多别人的、而不仅仅是自己的资金。

一旦你的账户存款达到了 2.5 万美元，银行就会突然愿意借给你更多的钱。一旦有了更多的钱，你就可以用来进行投资，去努力实现自己的梦想。

现在就开始行动吧，列出自己的坏习惯，把它们记录下来，张贴到一个让你一早起床就能看到的地方。比如说你可以把它贴到冰箱门上，这样每次要喝可乐的时候，你就会看到这张纸条，这时你就会告诉自己："哦，我的天呐，这要花掉我 1 200 万美元啊！我才不会这么浪费呢！"

如果你能够进一步提高自己的自制力，将你收入的 10% 用来投资，那会发生怎样的结果呢？即便你一直没有得到加薪，你每小时只能赚到 10 美元，你需要拿出其中的 10%，也就是每周 40 美元，用来进行投资——这也就等于你改掉了 1.5 个坏习惯。而且这还只是简单的投资，不包括房地产投资。只要能够坚持下去，50 年之后，你所节省下来的这笔资产就可以达到 450 万美元。如果你能同时再改掉 3 个坏习惯，你就会有 1 350 万美元的资金。这时你就会吃惊地发现，改掉这些小小的坏习惯居然可以为自己带来如此巨大的收益。这是一个非常有趣的数字游戏，一旦省下 2.5 万美元，这笔钱就会立刻开始为你工作。

把它存到银行里，你就可以用银行贷款来进行投资，不到 10 年之后，你就可以用这笔钱赚到成百上千万美元——也就是说，即便每小时只赚 10 美元，改掉坏习惯却可以让你赚到数百万美元。

信用卡和按揭在还清以前都是欠款

多弗的父亲是一名机械技师，多弗是他凭借工资养大的 4 个孩子之一。因此，在多弗的成长过程中，他们根本就没有多少钱可以花费，更不用说挥霍。从 15 岁开始，多弗自己赚钱买衣服。16 岁，他就用在超市兼职打工赚来的钱给自己买了一辆汽车。他不得不自食其力，但工作并没有给他带来快乐。和大多数孩子一样，多弗更喜欢在海滩上闲逛。

因此，对多弗而言，钱的含义就等同于工作。即便他看到自己中意的东西售价"仅仅"为 10 美元时，多弗也要问问自己，为了赚到这 10 美元，他是不是愿意到超市去拖地板，或是把 50 磅的马铃薯袋子摆到货架上。如果答案是否定的，那么他就不会买。他从来没有接受过"不劳而获"的钱财，这让他养成了一种"负责任"的消费习惯。

今天，多弗和妻子的生活衣食无忧。他们不仅拥有一辆高档"奔驰"汽车，还有一辆经济实用的"马自达"。他们可以无所顾虑地周游列国，已经去过了 25 个国家。他们住的是自有产权的豪华公寓，配有大型游泳池、宽敞的庭院、网球场和健身房。他们喜欢按摩，每年 52 个星期都可以享受到按

摩服务。只要经营好现有财产，接下来的 40 年他们都能继续
享受下去。

　　他们之所以能有今天，源自多弗早年对负债的极端厌恶。
多弗对负债憎恨无比。大多数人可能会觉得这太偏执，但对
他来说，欠钱就像是在和魔鬼做交易。只要提起负债，多弗
总会想到那些最糟糕的画面，他会不由自主地担心，一旦失
业而无法还债时会发生什么。

现实生活中，也许大多数人并没有像多弗那样痛恨负债，反而在
不知不觉中积累了不少欠款。通常而言，信用卡购物和兑现、汽车和
住宅的按揭等，在还清以前，都属于"欠款"这一类别中。把信用卡
还款和住宅按揭换成"欠款"这个词后，给人的感觉立即变得沉重了。
但是，这正是卡账和住宅按揭的真面目。也就是说，它们都是隐藏在
你家庭经济中的欠款。包含信用卡消费的"欠款"，不但能提醒你注
意日常生活中的小额支出，也是家庭经济崩溃危险度的重要指标。

　　虽然这么说可能有些严重，但意志薄弱和无计划的借款（透支刷
卡也一样）不会有任何好处。为了立即得到眼前自己想要的东西，要
付出支付利息的代价。如果放纵自己，便会因不断积累的使用额而使
每月的还款金额增多，最终被其夺走大部分收入。

　　有人把每月还信用卡欠款当成理所当然的事。但它和总是在某处
欠账是一样的。请不要被信用卡公司打造的假象牵着鼻子走。

　　大多数信用卡每年都要收取 18% ~ 24% 的利息。如果不能每月
按时全额还清信用卡欠款，你最亲爱的信用卡公司（你永远拿得起放

不下的朋友）就会像静脉抽血那样，一点一滴致富。如果一边通过投资带来 10% 的收益率，一边却要为信用卡负债支付 18% 的利息，这无异于穿着衣服在大浴缸里泡个凡士林浴，然后站在公交车顶上迎着寒风回家。

因此，还清信用卡负债，就相当于获得 18% 的免税收益。这世上恐怕没有什么投资能给你带来这么高的税后收益率了。

现在，我们马上要进入最难的部分，可能也是你在心底偷偷希望不需要完成的部分。那就是连续 3 个月，完全不使用各种卡。这是帮助你攒钱的最好方式。这意味着这 3 个月你不能使用信用卡。

什么？这听上去有点疯狂？太不方便了？与你动不动就刷卡的生活方式相冲突？然而，一个极为简单的事实是：信用卡让你产生错误的安全感，当诱惑出现时，让你误以为可以冒险超支。

所以，为了变得有钱，你再也不能这样了。我制订了一个简单的、能够按部就班实施的计划，让你暂时不使用各种卡。这个方法很可能比较难，但我向你保证，我建议你使用这个方法，并不是希望你的生活变得痛苦。恰恰相反，我希望你过上一种没有负债的生活。我希望你控制好自己的开支，规划现金的去向。我希望你能够过上衣食无忧的日子并有能力偶尔挥霍一下，买一些自己喜欢的东西。

朝着财务自由迈出第一步的最棒方式是，只购买负担得起的物品。如果你没有先存好购买这个物品的钱，你就不能购买这个东西，就是这么简单。刷卡，无论是信用卡还是借记卡，很容易让你购买自己负担不起的东西。即便你只使用借记卡，也制定了严格的预算，在使用卡时，还是很容易超支。所以，付款时最好不要刷卡。

几年前,我和丈夫做了一个实验。之前,我们购买杂货、支付汽油费、外出就餐、购物之类都使用的是现金,但进行这个实验时,我们刻意改用信用卡结算支付所有开支。

你相信么?使用信用卡而不使用现金时,我们每个月平均超支300美元。也就是说,每年要超支大约 3 600 美元左右。读到这里,很多"刷卡一族"可能开始摇头了,并反驳我说:"你使用现金时开销更小,但我跟你不同。事实上,我很确信用现金比使用信用卡时开销更大。"

当我鼓励我的博客粉丝们快速戒掉刷卡的坏习惯而只使用现金时,他们通常也会有这样的反应。据我所知,所有有这类借口的人当中,只有很小一部分人确实尝试了 3 个月只用现金的挑战,而且他们都发现使用现金确实能够节省很多钱。

一直以来,我的朋友洛思和里克都习惯使用信用卡。后来在我的建议下,他们完全不用信用卡和借记卡了,无论买什么,都只用现金。

她计算了一下每个月的开支有多少,然后把这个开支作为预算中的优先项。然后他们把所有的结余都用于偿还信用卡的卡债。他们还清卡债之后,又开始用结余的钱偿还助学贷款。

他们坚持实行预算,只使用现金。不到一年时间,他们每个月都有足够的结余偿还信用卡卡债和助学贷款。他们现在已经还清了住房贷款,付完住房贷款之后剩下来的钱,他

们都存到子女大学教育基金账户，或者为度假和购买家具存钱，或者为她和丈夫的个人退休账户存钱。

使用现金、坚持预算完全改变了他们的消费方式。他们不再因为临时起意、疯狂购物致使支票簿变薄而觉得压力过大。他们偶尔还是会狂欢购物，但他们还是会坚持做预算，只使用分配在购物开支项上的金额。

用现金支付能够让你更好地掌握财务状况以及现金的去向。而且，用现金购物的话，你立刻就得经历这种痛苦：你从信封里拿出现金支付，信封里的钞票变得越来越少。这种直观的感受只有使用现金结算时，你才能切实体会到。

"花在哪儿" 比 "花了多少" 更重要

"我对于一名男性拥有多少财产完全不感兴趣，我真正在意的是他用钱的方式。"说这句话的，是曾引起时尚界大革命的可可·香奈儿。她一手创造了知名品牌"香奈儿"，除了身为香奈儿的设计师、女性实业家外，她丰富多彩的感情生活也是众人瞩目的焦点。

由香奈儿的话中可以得知，像她这般的上流名媛，是以对方使用金钱的方式，作为一个人是否值得交往的判断依据。

一同用餐时如何付款、身上穿着什么样的衣服、使用了什么样的随身物品等，这些全部都可以作为判断的标准。

此外，也会有人以去海外出差时的状况来评定一个人，例如对方穿的鞋子、表现出的态度等。面对重要的生意,却穿着一看就知道是廉价便宜的皮鞋时,连带也会影响别人如何评估这个人的实力及商业手腕。然而,如果反向操作,巧妙地利用这种时机与一般人的刻板印象,就算是小公司的业务员,也有机会签下大公司的合约。

许多旅馆、饭店,也会以客人的外表打扮及行李,来判定这位客人的等级。对一般的饭店服务生而言,客人的小费,是他们收入的重要来源,因此当他们认为“这位客人是有钱人”时,也会展现出有别于他人的殷勤周到。因此我在饭店登记住房时,一定都会配戴高价的名牌手表。

如同我在上文中所提及的,花大钱买昂贵的高级手表,是种刺激自身欲望的来源。不过实际上来看,一定会有一群人,会因为拥有这类物品,同时也了解其价值,而聚集在一起。这些了解这些物品价值的人,就是“上流社会的人”。与上流社会的人交往,可以非常确定一件事:他与你交朋友的目的绝非为了钱! 通常,这些在一般人眼中已经是有钱人的人,都是为了“想成为更出色的上流阶层”“构筑更好的人际关系”等理由而聚集在一起。

让我举个例子,假设以参加一场门票略贵的音乐会来作说明,相信你就能完全明白我的意思了。

一张票价 1 000 元、2 000 元的演奏会,可能还不会让听众产生什么特别的感觉。然而若是一张票要价 1 万元的音乐会,进场后的你一定可以感受到该音乐会的听众们,个个都散发着活力与自信。

我并不是说,买得起 1 万元门票的听众,就一定是上流阶层、一定是有钱人。正因为这个理由,所以我应该这么说:来听这场音乐会

的人，都是"愿意花 1 万元来投资自己、希望借此帮助自己成长的人"。

　　因此，当你进入音乐会场中，你所能认识的人，一定都是可以为你带来新刺激、新影响的人，他们甚至能够改变你原有的思考方式与习惯，让你的视野马上拓展开来。

　　如果一个人可以养成良好的花钱习惯，他身旁的朋友势必也都拥有类似的习惯，或是也正有心朝这方面努力的人。正因如此，那些因仍在追梦道路上而期待、兴奋不已的人才会聚集在一起。在这种条件下，就算你不想受到影响，恐怕也不容易。最后，你也会自然而然地建立起"成为有钱人的习惯"。

第 **5** 章

理财投资
有钱人的财富加速方程式

THE **MONEY** SAVING
MOM'S BUDGET

财富加速方程式

自然界中关于"加速度定律"，由于是牛顿发现后用数学方法表示出来的，所以叫"牛顿第二定律"。这个定律可以用简单的数学公式表示：

F（力）=m（质量）×a（加速度）

我一直在问自己：这世间如果真的存在一则财富增长的定律的话，该怎么用公式表示？经过不懈探索，我最终得出了如下结论，其数学公式如下：

财富 = 对钱需求的迫切程度 × 复利 × 时间^2

我把这个公式称为"财富方程式"，也就是我一直探索的财富定律。

其实，世上并不存在成为有钱人的绝对定律。而且，我也不能提供推导出这个公式的具体数据。不过，这个公式里面确实包含着能够让财富增值的原理。

对钱需求的迫切程度

在我见过的人当中，有的人连正式的工作都没有，整天靠父母的财产生活；有的人每天只想着有没有办法继承财产。和这些人不同的是，也有一些人迫切地想要成为有钱人。

你是真的想成为有钱人呢，还是只是想"要是能成为有钱人就好了"？要想了解你自己是不是拥有这种迫切感，其实很容易。

如果你想成为有钱人，但现在还没有第一桶金的话，那是因为你对钱的需要并不是那么迫切。如果你决定要增加储蓄，但几个月后却放弃了；如果你决定要比上个月减少支出，却从未做到，则说明你对钱的需要还不够迫切。

利用复利，让钱加速倍增

1626 年，美国早期移民用价值 24 美元的首饰和小玻璃球，向印第安人买下了整个纽约曼哈顿。当以华尔街为象征的曼哈顿成为世界金融中心后，人们嘲笑当时的印第安人愚蠢。但著名的基金经理彼得·林奇却有不同的看法。他说，如果当时印第安人把收到的东西换成钱，按年利率 8% 投资复利式债券的话，363 年后的 1989 年可能已经有大约 32 万亿美元了。

1989 年，整个曼哈顿的地价按市值还不到 1 000 亿。可想而知，32 万亿是一笔多大数额的钱了。人们称这样的现象为"复利的魔法"。如果把 24 美元按年利率 8% 用单利投资，363 年后会有多少呢？其结果更让人惊讶，仅仅是 721 美元。由此可见复利的力量。

　　复利这个概念听起来似乎有点深奥，但其实非常简单。

　　如果投资 100 美元每年可以收取 10% 的利息，那么我们知道，一年之后，这 100 美元就可以赚到 10 美元，变成了 110 美元。

　　第二年，你可以用手里的这 110 美元重新开始投资，如果这笔钱继续增值 10%，那么，它在第二年结束时就可以赚到 11 美元，变成了 121 美元。

　　第三年，你用 121 美元继续投资，还是按 10% 获得利息，那么，它在第三年结束时就能赚 12.10 美元，你的本钱就变成了 133.10 美元。

　　让这个雪球继续滚下去。看看最初 100 美元的投资按每年 10% 的利息递增，最后会变成多少钱。

　　100 美元本金，每年按 10% 获得复利，那么：

　　5 年之后变成 161.05 美元；

　　10 年之后变成 259.37 美元；

　　15 年之后变成 417.72 美元；

　　20 年之后变成 672.74 美元；

　　30 年之后变成 1 744.94 美元；

　　40 年之后变成 4 525.92 美元；

　　50 年之后变成 11 739.08 美元；

　　70 年之后变成 78 974.69 美元；

　　80 年之后变成 204 840.02 美元；

　　100 年之后变成 1 378 061.23 美元。

　　后面那些较长期限的情况看上去似乎不太现实。不过，你用不着成为《暮光之城》里那些长生不老的吸血鬼，也一样能享受到复利的回报。比如说，一个从19岁开始投资的人，如果能一直活到90岁（我就是这么希望的），那么，他就可以享受71年的市场复利收益。当然，他在这个过程中多少还是要花掉一部分的，但假如还想活到100岁，那么他肯定还是要留下相当一部分用来收获复利。

5岁的女孩安妮与妈妈玛丽一起生活在波西米亚的一个小岛上。这里的人民自给自足，无论男女都不用剃刀刮毛，即使满身臭汗也能泰然处之，虽然原始落后，却也怡然自得。

尽管这听起来相当诱人（尤其是在人头攒动的集市上，那味儿可真是绝了），但不幸的是，这里绝非天堂。岛上居民和当地人都喜欢把空易拉罐扔进排水沟里。玛丽告诉安妮，收集这些铝罐后回收利用，不仅有利于保护环境，还能让她成为百万富翁。玛丽带着安妮来到当地的垃圾场。在这里，安妮捡拾铝罐和玻璃瓶，然后将它们卖掉，这样，她平均每天可以赚到1.45美元。尽管玛丽有一颗波西米亚人的心，但她绝非一个乡下土包子，她还说服安妮将回收铝罐赚到的1.45美元用于投资，这样就可以让女儿成为百万富翁。

玛丽把每天赚到的1.45美元投资于美国股市，每年赚到9%的平均回报（这还略低于过去90年股市的平均年收益率呢）。此外，她还在别的方面比其他母亲棋高一着：如果教安妮学会节约，女儿同样能变成一个理财高手。但是，必须让女儿自己学会赚钱，而不是把金钱作为"礼物"送给安妮，因为那样做的话，女儿或许会变成一个理财弱智。

把时间往前快进 20 年。现在安妮已经 25 岁了，尽她已经不在垃圾场捡铝罐，她母亲还是坚持让她每月上交 45 美元，相当于每天 1.45 美元左右。玛丽继续把安妮的钱用于投资，而安妮则在当地农贸市场叫卖自制的"捕梦网"。

而安妮最好的朋友托尼亚则住在纽约市，就职于一家投资银行（我知道，你肯定会问这两个人怎么会有瓜葛，我承认，这纯粹是我胡编的故事）。托尼亚过的是"优质"的生活，出则宝马汽车，吃则高档餐馆，余下的收入就买买衣服，看看演出，或者花在昂贵的高档皮鞋和炫目的珠宝首饰上。

到 40 岁的时候，托尼亚开始每月储蓄 800 美元，而且还常常通过电子邮件对安妮每月只投资 45 美元的做法指手画脚。

安妮起初并不想吹嘘，但日子久了，她觉得自己实在需要给托尼亚一点颜色瞧瞧。

于是她回了一封邮件："托尼亚，在理财方面遇到问题的是你，不是我。你现在每月用于投资的钱确实比我多，但如果你想在退休时和我一样有钱，每月只投资 800 美元可是远远不够啊。"

这封邮件让托尼亚有点摸不着头脑，她觉得，安妮肯定是吃了波西米亚特有的迷幻蘑菇，否则绝不会这样胡言乱语。

25 年之后，两个女人都 65 岁了，于是，她们决定一起到墨西哥的查帕拉湖边租住一套退休公寓，在那里，她们的钱足够花上一段时间。

安妮问托尼亚，"你按我的建议每月多投资一点钱了吗？"

托尼亚不以为然地回答，"一个每月只投资 45 美元的人的建议可信度有多高？"

"可是托尼亚，你忽视了'诺亚原则'。尽管你每月的投资额比我多得多，但最后赚到的钱肯定要比我少得多，因为你开始得太晚了。"

需要说明一点，两位女士在股市上的收益率是相同的。有些年她们都赚钱，有些年都赔钱，但是从总体看来，她们都实现了 9% 的年均收益率。

由于安妮开始投资的时间更早，因此，她的投资总金额可以达到 32 400 美元，并能把这笔钱变成 100 多万美元。而托尼亚尽管每月的投资额足足比安妮多了近 18 倍，但因为开始得较晚，所以，最终的收入还是比安妮少了 237 052 美元。

时间 = 等待 = 金钱

现在我们来谈一谈时间对于财富增长的意义。可以说："没有时间，复利就没有魔法。"

在财富形成的过程中，时间很重要，所以我在财富方程式中列出了时间的平方。其实，在这里所说的"时间"，也可以解释为"等待"。

现代人做事大都比较浮躁，甚至有人在投资基金的时候，也像投资股票那样，总是在短期内买进卖出，一年内多次从这个基金换到那个基金。但事实上，并不是着急就能赚得更多更快。应该在投资之前

慎重选择，投资之后耐心等待。只有那些耐心等待的人，才能最终得到"醇美的香槟"。

复利的魔法没有火花的魔法那么华丽，也不是提前几个小时到达，然后站在好位置就可以欣赏到的一场秀。复利的魔法只有秉持信任，一直耐心等待的人才可以看到，是在漫长的岁月中忍耐的结果。而且，复利的魔法一旦开始，绝不会像火花魔法那样昙花一现，而是会更长更久，甚至会延续到下一代。

那些白手起家、令人羡慕不已的有钱人们，在过去贫穷的日子里，也曾迫切地期盼能够获得财富，于是拼命地储蓄和投资，最终，他们都见证了复利的魔法。

时间对每个人都很公平，它不会因任何人而暂停脚步，永远只会向前走。有的人在某一天终于成了有钱人，而有的人一辈子清贫。

现在，我们一起试着解"财富方程式"，可以简单理解成："要想成为有钱人，就要满怀迫切地、坚持不断地进行复利投资。"

有钱人的四本存折

有钱人通常都有一个自动化的理财系统，这个系统包括 4 本存折或者说 4 个账户。这个系统一旦启动，就会自动地生钱。这个系统的原理很简单，跟家中的用水情况很类似：

水箱里的水通过不同的管道流入厨房或洗手间。流入厨房的水只用于刷碗和饮用，流入洗手间的水只用于洗漱和冲厕所。表面上看起来都是水，但按各自的用途，在不同的空间各司其职。因此，如果家里只有一个自来水管和一个水龙头就会非常不方便。

我们的月收入就和水箱里的水一样。虽然都是同样的钱,但用途却不一样。所以,只用一本存折管理所有的支出和投资会非常麻烦。如果能够根据钱的用途使用不同的存折管理,就会方便得多。

现在,我们来划分钱的用途。从大的方面可以分为固定支出、变动支出、备用资金、投资等 4 个用途。与这 4 个用途相对应,需要 4 本存折或账户。

第一本存折:收入存折

收入存折是获取收入及管理固定支出的存折。所谓"固定支出",包括自动缴付贷款、利息、公寓管理费、各种公共费用、子女补习费、保障性保险等。你可以把所有自动缴付日期设置为一个月中的某一天,当所有的缴付结束后,第二天自动转账一定的金额到消费存折。上面的操作结束后,收入存折就不需要再支出钱了,剩下的钱作为这一个月的可存金额,全部转到投资存折。从这时起,一直到下一个发薪日期之前,收入存折的余额都为零。

从收入进入账户那天起,已自动缴付所有固定支出,生活费用也已经自动转账到消费存折,所以月末只要确认最终余额,再把剩下的钱全部转到投资存折,就不用再费心管理收入存折了。

第二本存折:消费存折

消费存折是管理变动支出即每月所需的生活费用,用途不同,支出的金额会有一定变动。存入这个存折的钱主要用于支付日常饮食、

交通费、休闲费等。变动支出是维持生活的必要支出，因此，无论再
怎么节约，所能减少的支出金额也是非常有限的。所以，在进行变动
支出管理时，养成每月定额消费的习惯就显得至关重要。如果包括固
定支出在内的所有支出都可以保持在无变动的水平，那么，对订立和
实行投资计划将是非常有利的。

　　规定一个月所需要的大概支出金额后，每月从收入存折自动转账
到消费存折，尽可能地把每个月的生活费控制在这笔钱的范围内。

第三本存折：备用存折

　　备用存折是管理备用资金的存折，平时存入充分的备用资金，只
用于特殊情况。特殊情况是指发生意想不到的事情而需要支出一笔高
额费用，或用于缴付财产税、汽车保险费、支出休假费或过节费等季
节性支出。除此之外，如果生活费超过了预算，消费存折中的余额不
足时也可以暂时周转。

　　备用资金最好保持在月平均支出金额（固定支出＋变动支出）的
3倍以上。如果很难做到这一点，也要确保有一定金额的资金。在投
资之前，要先确保留有备用资金，如果支出了备用资金，要及时补充。

第四本存折：投资存折

　　投资存折是管理投资的存折。用于投资的股票、基金、保险等金
融产品都可以自动转账，因此，把所有金融产品的自动转账日期设置
为同一天或相近的日期，会比较方便管理。

　　从收入存折中自动缴付各种固定支出和生活费之后，把剩下的

钱全部转到投资存折。这些最好在各种金融产品的自动转账日期之前操作。

从投资存折中自动转账支付各种投资产品后，把剩下的钱全部转到备用存折。备用存折中的钱除了备用资金以外，如果已积攒了一大笔钱时，就可以投资股票或基金等。

如果你按上面所说的，重新设计了自己的理财系统后，可能会遇到一些麻烦，尤其是刚开始的几个月，可能还会出现操作失误。但我向你保证，用不了多久，你就会发现这是一个非常便利的理财系统。

每年至少检查一两次理财情况，其最重要的目的是确认收入中存了多少钱，和上一年比起来增加了多少净资产，并分析原因，努力改善。

先投资后消费，才能滚出第 N 桶金

有钱人对自己的生活成本一清二楚。而记录开支，通常会带来两个好处：其一，只要把握了自己的当月花销，你就清楚有多少钱可以用来投资；其二，它还可以让你为每一笔开支负责，这显然会鼓励大多数人厉行节约，遏制消费。

下一个步骤是要精确计算你平均每个月能拿到的报酬。

从月收入中扣除每月的平均开销，就能得到每个月可用于投资的金额。不要等到月底再去投资，而是在拿到薪水那天就把这笔余钱转存进你的投资存折或账户。否则，到了月底的时候，你永远都不会有足够的余钱（只需彻夜狂欢几个晚上）去贯彻自己的理财计划。

有一次，我和一对教师夫妇共进晚餐，席间，他们提到了储蓄的话题。他们想知道为将来退休存多少钱合适。和那些享有退休金的公立教师不一样，作为私立学校教师，他们必须要为退休后的生计打算。

我随便说出一个我认为他们每个月应省下来的最低数字。但这居然是他们目前每月积蓄的两倍。那位女士露丝认为这个数字努力是可以达到的，她丈夫约翰则认为这极不靠谱。

于是，我让他们做下面这几件事：写下近3个月需要花钱购买的所有物品，包括食品、抵押贷款、汽车加油费和健康保险。在这3个月快过完时，算出每个月的平均花费。

在我们的另一次聚会上，两位朋友把他们的结果告诉了我。说实话，这让他们自己都大为震惊。露丝对自己在外出吃饭、买衣服以及购买星巴克咖啡等零碎物品上的花销感到有点不可思议；约翰则觉得他与朋友外出打高尔夫球时在俱乐部酒吧喝啤酒花掉的钱实在太多了。

在随后的3个月，两个人逐渐觉醒了。掏出塞在钱包里的购物发票，每天晚上把当日花销记录下来，这让他们意识到自己正过着怎样挥霍浪费的生活。正像约翰说的那样："我知道，我必须要在每天晚上记录开支，将它当做可衡量的标准。于是，我变得不那么乱花钱了。"

一年之后，他们用于投资的金额就翻了一倍。两年之后，我们再次聚会，得知他们的投资款已经达到最初的3倍了。两个人都不约而同地说："我们以前从来不知道每月的钱都花到哪儿去了。尽管感觉到现在的生活与 3 年之前没什么区别，但我们投资账户的存款不会撒谎。我们的储蓄已经增加了两倍。"

记录每月开支一段时间之后，你或许就没必要再一点一滴地记下花掉的每一分钱。你会自然而然地养成一种健康的消费习惯，所有闲钱都会自动转入你的投资账户。于是，你会看到，这个投资账户正随着时间的推移在日益增长。

还有另一个小秘诀。经过几年之后，你的薪水极有可能会增加。如果你的工资在某年增加了 1 000 美元，你至少应该把其中的一半转入投资账户，然后把剩余资金当做特殊用途备用金存入另一个专用账户。这样，你就可以因为这次加薪而获得双倍报酬。

真正的有钱人是生息资产高的人

30 岁的时候，我还算不上有钱人。但如果我愿意我可以装富，而且很简单：租一辆保时捷，借一大笔钱买一幢外观华丽的豪宅，去全球旅行并住五星级酒店。我可以让所有看到我的人都以为我是有钱人，或者也可以凭着银行贷款和信用卡源源不断的资金输送来维持光鲜的生活。但表象总是和事情的本质存在差距。

我的朋友索菲亚曾在大学的寒暑假里给一个小男孩做家教。每周六，他妈妈都会开车把孩子送到索菲亚的住所。她

开的是最新款的"捷豹"跑车，在当地的价格高达25万美元以上。他们住的是豪宅，妈妈戴的是"劳力士"。索菲亚认为他们绝对是名副其实的有钱人。

几堂课之后，该女士拿给索菲亚一张支票。她满脸笑意，滔滔不绝地讲述着刚刚过去的海外假期，也对索菲亚在这段时间对孩子的关心千恩万谢。

她开出的支票面额是150美元。揣着支票，索菲亚已经迫不及待了，该女士前脚刚离开，索菲亚后脚就飞也似的径直奔向银行取钱。但事情却让她大跌眼镜：支票竟然遭到银行的拒付，因为该女士的存款账户余额不足150美元！当然，任何人都会遇到这样的情况，但对于这样的家庭来说，遭遇如此尴尬事件的概率无异于加德满都全城断电。索菲亚真担心她会在这时打来电话恳求她等一周，等她的支票账户充上资金再去兑现这张支票。最终，索菲亚选择了知难而退，直接告诉那位男孩的妈妈，她不能再给她儿子做家教了。

你能想到会发生这样的事情吗？毕竟，这位女士应该非常富有：开"捷豹"跑车，住着顶级豪宅，戴着"劳力士"，丈夫又是一位投资银行家，家里的游泳池或许都是用美钞铺成的。但或许她根本就不是什么有钱人。手里拿着一张大额支票，过着皇族般的生活，并不能说明他/她一定就是有钱人。

你或许会以为，只有那些低收入的工人才会入不敷出。但你不妨看看这些：

　　1973 年以来，美国畅销书作家、理财分析师托马斯·斯坦利一直对美国有钱人进行调查。他发现，在美国，大多数市值达到 100 万美元（截至 2009 年）的房产并不属于百万富翁。相反，绝大多数价值百万的房产均以抵押贷款购置，而且房主均属于崇尚高消费之流。与此形成鲜明对比的是，那些符合百万富翁基本标准，即拥有的净资产价值达到 100 万美元的美国人，90% 居住在价值不到 100 万美元的住宅里。

　　如果你确实家财万贯，大手大脚当然不碍事。但是，不管一个人的薪水有多高，如果失业时他不能依旧活得滋润惬意，那就只能说明他并非真的有钱。

　　以上是从表面来看有钱的表现形式。如果我们再专业一点，从财务的角度来看的话，可以这样理解：如果一项资产，无论它的价格怎么变化，你的生活品质都没有变化，我们就说它是自用资产，就是你自己消费的资产。如果我们的车子和房子不能带来现金流，那它就是自用资产。自用资产是自己消费的资产，其显著的特征是其价值的改变不能带来生活品质的变化。所以我要告诉大家另外一个非常重要的概念就是"生息资产"。生息资产是能带来现金流的资产，也常被称为"可投资资产"。

　　有钱人是拥有生息资产比例高和净资产高的人。

　　你认为迈克尔·杰克逊是有钱人还是穷人？或者他死之前是有钱还是没钱？

　　答案是没有钱，甚至特别穷，连保姆都请不起了。他死后，他的保姆哭着说："他好可怜，他死前的最后一个生日我都买了蛋糕去看他。"

的确，那个时候迈克尔·杰克逊非常穷，没有现金。但他不是没有资产，他有一项资产，即梦幻庄园。但是，庄园里面的一草一木，一虫一鸟，还有他收养的孩子们，全都在消耗现金流。他有一个值钱的庄园，但却是一个不能给他带来现金流的资产，反而不断消耗他的现金流。

迈克尔·杰克逊虽然有资产，但并不能给他带来现金流，所以并不是生息资产。因此，说到底，他还只是一个有资产的穷人。

会借钱也能成为有钱人

如果用一句话概括负债就是"借来的钱"。因为是"别人的"，所以要在约定的期限内全部还给别人。

从经济的角度来说，我们大多数人最想要的是什么？如果你问一下身边的人，相信 10 个当中有 9 个人会这样回答：脱离债务。听起来绝大多数人都有"无债一身轻"的想法。也就是说，我们的目标就是将债务清零。

有钱人可不这么做。他们并不想回归到零，而是想着如何突破 10 亿大关。我们大多数人都在付双份的车款，在付更多的房款，所以我们总是想着付清所有的债务，感觉那样会让自己在经济上更加自由。

可有钱人的做法则截然不同。如果我能用 6% 的利息率从银行那里借到钱，只要我的投资收益率不低于 7%，我就可以用银行的钱让自己赚得更多。当然，这还不包括我因为投资而减免的税收。

3 年前，我用自己的房子做了二次抵押贷款，结果从银行里借到了 10 万美元。是的，这样做的确让我每月的房款增加了 500 美元，债务也因此增加了 10 万美元。在世人看来，我似乎是在退步；而对于有钱人来说，他们更关注的是我后来用这 10 万美元赚了 100 万美元。我付给银行 6% 的利息，大概是 6 000 美元。可仔细一算账，我用这笔钱赚到了 100 万美元，收益率大概是 1 000%。在世人眼中，我是在退步；而在有钱人看来，我是在跳跃着前进。当我决定二次抵押贷款的时候，很多人都告诉我这是一个错误："行了，还是继续付清那笔房款吧。"而我则不断地告诉这些劝告我的人："有钱人可不是这么做的。"

今天我在银行里存的钱比任何时候都多。但债务也比以前更多。我的欠债总共达到 1 300 万美元。当然，这笔欠债也给我带来了上千万的收益。如果没有这些贷款，我就永远不可能赚到这些钱。

有钱人知道，这个世界上的债务有两种，一种是优良债务，一种是不良债务。所谓"不良"债务，是那些会影响到你赚钱能力的债务；优良债务则会给你赚更多钱的机会。所以你必须改变自己对于债务的思考。

例如，为了购买公寓申请住房贷款。因为公寓可以产生价格上升的收益或租赁的收益，所以是优良资产。在这种情况下，住房贷款是为了持有优良资产的优良负债。只要以后实现收益，就可以回收前期向银行支付的所有贷款费用。而且，因为是以公寓的状态保持价值，所以贷款本金也不会消失。因此，只要还清所有的贷款，公寓就会完全属于自己。即使无法在约定的期限内偿还贷款，也可以通过出售公寓的形式偿还。

　　打个比方说，住房贷款相当于用水瓢借水倒进水缸后，再用水瓢还借用的水。类似这样的情况，优良负债就是有助于增加资产的。相反，不良负债其实是持有不良资产的负债。

　　例如，为了购买汽车，贷款分期付款。由于从买汽车的那一刻开始，汽车不仅不会产生收益，反而开始减少价值，所以属于不良资产。在这种情况下，分期付款相当于持有不良资产。而且，这项资产并未产生一点收益，所以无法回收支付给金融公司的贷款利息和分期付款手续费。还用上文提到的那个比喻，贷款买车相当于用水瓢借来水倒进破碎的水缸，为了还借用的水要么重新打水，要么继续借水。类似贷款买车这种情况，属于不良负债，它不能为你增加资产。如果抵押住房贷款购买了车，也是不良负债。

　　为了消费而借钱也是不良负债。借来的钱因消费而消失，所以要处理其他资产或赚钱来偿还。负债费用也无法回收，所以也不能增加资产。

　　总之，能够增加资产的就是优良负债，除此之外就是不良负债。所以，如果不是为了持有优良资产，尽可能不要借钱。即使是优良资产，也可能会贬值或无法产生收益。因此，为了持有优良资产，借钱的时候，要先考虑清楚资产的期望收益和预想的负债费用等再作决定。过多的负债会产生无法承担的负债费用，造成个人不稳定的金融状态，所以要特别注意。

　　为了持有优良资产而借钱，其目的是投资并获得收益，即"借鸡生蛋"。因此只有投资收益减去负债费用后还会有剩余时，才能够作这样的决定。换句话说，如果投资失败，可能会失去借来的钱或无法产生所期望的投资收益时，最好不要借钱。

例如，很多人借钱投资股票。如果获得高收益，偿还借用的钱后还会有一定的收益。但是如果投资失败，就只剩下还钱的义务，这是一件非常痛苦的事情。因此，只有自己对投资结果非常有信心时，才可以作这样的投资决定。即使非常确信，但也有可能产生和预想不同的结果，所以要时刻小心。

到底需要几个鸡蛋几个篮子？

当鸡蛋与篮子相遇，究竟该怎样放？股神巴菲特说，投资者应该把鸡蛋都放在一个篮子里，然后小心地看好它，因为集中投资可以降低成本，取得利益的最大化；塞万提斯却在《堂吉诃德》中教育我们说"不要把鸡蛋放在一个篮子里"，以免篮飞蛋打。要怎样选择篮子？你是巴菲特还是塞万提斯？

诚然，我们都不是巴菲特。巴菲特之所以放心地把鸡蛋都放在一个篮子里，是因为他已经透彻地了解"篮子"的所有细节。在作出投资决策前，他总是花上数个月甚至几年的时间去考虑投资和合理性，会长时间地翻看和跟踪投资对象的财务报表和有关资料，从来不购买不熟悉公司的股票。比如，当网络股高潮的时候，人人都把这当作是"金摇篮"，巴菲特却没有购买。

普通投资者受自身专业知识和精力所限，很难作出比较正确的投资决策。在这种情况下，由于没有足够的耐心和足够的专业水准来了解"篮子"，把鸡蛋全部放进去就变成了一种鲁莽。但是，凡事总有例外，

请各位检验自己是否有"从一而终"的品质再作决定。

对于喜新厌旧又行色匆匆的大多数人，谁能够准确说出自己需要几个篮子才是风险最小化与利润最大化的交点？

答案是——你需要的篮子与别人不同。

由于肩负保障家庭财务平稳有序运行的重要使命，投资的最终目的就是在保证家庭生活的前提下，在正常的风险范围内增加家庭财富。投资前必须明确家庭紧急预备金、保险金支出、子女教育和购房规划等一系列支出计划。为了规避投资风险，你有必要对自己的投资项目进行整合，分散投资，弱化风险。

但如果可用于投资的资金非常有限，过度分散投资会导致投资成本增加，利润在波动中也会被摊薄。这个时候应考虑减少篮子的数量，由于资本稀缺，你的鸡蛋比别人的更脆弱。在这种情况下，篮子已经变得不可捉摸。因此，在慎重选择好篮子的同时，更请留下几个鸡蛋放在手中留作备用。

投资星座：你是狮子座还是兔子座？

性格决定命运，性格也决定财富的多少。

按照风险承受能力进行划分，投资者可分为积极型、稳健型、保守型 3 类，但这种分法稍显草率。正如广告中所言"男人要两面"，人性如此复杂，就算是积极型投资者身上通常也有稳健或远虑的另一面。

投资顾问总裁、畅销书作家彼得·J.泰诺斯，就曾创造出一整套投资性格分析问卷，根据一些简单的自我测试，将投资者的投资性格分为 8 种类型：狮子（积极稳健）、秃鹫（积极冒险）、野狼（随机冒险）、猎豹（谋定狠取）、鳄鱼（智谋投机）、骆驼（保守稳健）、树袋熊（保守无为）和兔子（随性无为）。由于泰诺斯没有为这 8 种类型命名，我称之为"投资星座"，它们各自的投资特征如下：

狮子：王者。代表无畏，不管市场如何变化，总是能用自己的方式来应对风险，相信自己的投资策略，多喜欢投资蓝筹股。

秃鹫：对变化很敏感，相信直觉很少犹豫，愿意接受新的投资概念和投资品种，偏好高成长股票。

野狼：喜欢刺激和投机，追求立竿见影的高报酬，投资时常出现大赢大输的局面。

猎豹：快。代表捕捉机会，深谋远虑，只要机会来临，就能一击即中。喜欢可行性高、大胆的新计划，并挑战被普遍接受的投资策略。

鳄鱼：狠。代表冒险精神和与众不同。不怕高风险，敢于与众不同，认为高风险背后蕴含高收益。能承受高风险，对高收益投资感兴趣。

骆驼：积蓄能量。代表回避风险，少亏就是大赢。重视传统，倾向低风险且稳定报酬的投资。

树袋熊：对钱不太感兴趣，更喜欢与人相处。用钱节省，投资保守，喜欢收支平衡的理财投资方式。

兔子：充满创造力，但不擅长投资。

认识自我的重中之重，就是要清楚自己的投资星座。动物们的捕食风格都很鲜明，物种不同、生存方式不同、捕食风格也大不相同。如果狮子用兔子的方式捕食、猎豹用骆驼的方式捕食、鳄鱼用树袋熊的方式捕食，不但荒唐可笑，而且无法生存。投资亦是如此。各人的

个性特征不同，只有适合自己投资星座的投资方式才更容易取得成功。所以，每个人都要找到自己的投资星座，按照自己的投资风格去建立自己的投资交易系统，不必刻意去学习模仿他人，因为适合别人的，未必是对自己有用的；适合自己的，才是最好的。

只有明白了自己的投资星座，才能建立适合自己的投资交易系统。一般而言，秃鹫星座的人擅长进行趋势交易，善于把握股价波动的交易机会，而获取盈利；猎豹星座的人擅长价值投资，更善于挖掘投资品种的价值，一般通过长时间的复利增长而获得财富；而兔子星座的投资人，大都不能长期持续地从投资市场获利，基本上是投资领域的失败者，如果投资人的投资星座不幸是这一类的话，就要通过系统学习投资，有意识地回避投资性格中的缺陷，发扬自身优势，才能增强投资成功率。

很多人从事投资多年，却没什么进步，经常处于亏损境地。这些投资的失败者，就是因为没认识自己所属的投资星座，没搞清楚自己的投资风格。比如，明明投资星座是猎豹，却按秃鹫的投资方式交易；投资星座是狮子，却按鳄鱼的方式投资。

投资者在认清自己的个性后，也应明白，一味顺应自己的个性去投资，也不完全是对的。例如，如果是秃鹫星座的人，其通常凭直觉投资，随时寻找新投资机会，但很容易被情绪左右，投资时常因此作出错误的决策；如果是狮子星座的人，其追求稳定获利，多倾向投资蓝筹股和绩效不错的基金。而猎豹、鳄鱼的长项是长时间等待，然后在关键时刻猎杀，非常"快、狠、准"。秃鹫、野狼一旦成功，就会过于相信自己的成功经验，却可能在某次投资中因赌注太大而一败涂地。

由于每个人的投资性格各异，即便都是投资股票，所挑选的标的也会略有不同。如树袋熊型投资者较厌恶市场的波动，骆驼型投资者则喜欢采取买入并持有的投资策略。在进行资产配置时，树袋熊型投资者不宜过度配置股票资产，固定收益乃至不动产反倒是更好的投资方向。

知己知彼，百战不殆。先了解自己的投资性格，再慎作投资决定，总比盲目进场投资更有胜算。如果你能认清自己的投资风格，就能在投资过程中更加游刃有余，避免出现在投资过程中对抗"性格"的矛盾局面，也更容易获得财富，变成有钱人。

对鸡蛋估值

很多有钱人都投资股票，也通过股票赚了钱。很多普通人也买股票，却不知道买股票的第一步是评估股票的价值。为了更形象地阐述这个复杂的问题，下面我以对鸡蛋估值为例来说明。

比如，你从 A 超市花了 10 美分买回一个鸡蛋，而 B 超市同样鸡蛋的零售价格为每个 12 美分，那么，这个鸡蛋到底应该值多少钱？

有人说，鸡蛋的价值就应该等于它的价格，既然是花费 10 美分买来的，那它的价值就应该是 10 美分。

这种估值法被称为"市价法"，也就是价值等于市场价格。但是，这种估值法无法回答这样的问题，即同样是这种鸡蛋，A 超市的价格是 10 美分，B 超市价格是 12 美分，或许农场主售出的价格是 8 美分。那么，鸡蛋的价值到底应该等于哪个价格？

还有,如果鸡蛋被打碎了,打碎的鸡蛋没有什么价值了。即便有用,也就只能当狗粮了,这点狗粮最多只值 1 美分。那么,这个烂鸡蛋的价值最多就是 1 美分了。

这是按清算价值来估值的一种估值法,当资产被清算时,已基本丧失本身价值,所谓"清算价值",和半卖半送一样,恐怕比残值多不了多少,清算价值是所有估值方法中所给价值最低的。

也有人说,这个鸡蛋的价值应该等于在 B 超市重新购置所花费的钱,现在花费 12 美分才能买到这个鸡蛋,所以它的价值就应该是 12 美分。这种估值法叫"重置成本法",也就是认为资产的价值等于它的重置价值。

那么,到底股票是个什么东西呢?股票的价格为什么会有涨有跌?读了下面这个巧克力工厂变股票的故事你就明白了。

威廉有一个宏大的梦想,那就是做出不会融化的冰激凌、不会失去味道的口香糖和连魔鬼都会为之出卖灵魂的香甜的巧克力。

但威廉却没有足够的钱用于扩大生产。要实现这个目标,他还需要购置一座大厂房,雇用更多的小侏儒工人,购买可以更快生产巧克力的机器。

于是,威廉找人与纽约证券交易所接洽。实际上,在他自己都还是浑然不觉的情况下,就已经有人开始投资于他的巧克力工厂了。这些人购买工厂的一部分生意,其实就是"股份"或者"股票"。尽管威廉已经不再是工厂的唯一老板,但是通过出售股份，他可以用股东投入的资金建造更大、更有效益的工厂。由于生产效率提高，工厂的利润也开始迅速增加。

现在，威廉的公司已经成为"公众的"公司，这意味着，股份持有者可以把他们持有的股份转手卖给其他人。当一个公司公开发行在股市上流通交易的股票时，这一活动给公司经营带来的影响几乎可以忽略不计。这样，威廉就可以专心致志地做好自己最擅长的事情：制造巧克力。另一方面，股东也不会给他添麻烦，因为在通常情况下，少数股东不会给公司的日常经营活动带来什么影响。

威廉的巧克力实在是够神奇的。更让股东高兴的是，威廉的巧克力在市场上卖得越来越多。但股东们需要的不仅仅是纽约证交所的一张纸，或是拥有当地经纪公司的股份证明。他们想分享巧克力工厂创造的经营利润。这也很正常，因为从严格意义上来说，股东们毕竟也是工厂的所有者。

于是，由股东选举产生的公司董事会决定将每年利润的一定比例送给股东，也就是股息。听到这个消息，大家都很高兴。这个过程是这样的：威廉的工厂每年销售价值 10 万美元的巧克力和其他商品。在缴纳了所得税、支付了雇员工资和设备维护成本之后，他的巧克力工厂实现了 1 万美元的净利润，因此，公司董事会决定从中拿出 5 000 美元，分配给各大股东。这部分分配给股东的利润就是股息。

剩余的 5 000 美元将重新投入企业经营。这样，威廉就可以购买更大、更先进的设备，将他的巧克力推广到更远、

更广的地方。总之，工厂生产巧克力的效率更高，创造的利润也更多。

这些用于再投资的利润让威廉的企业更赚钱。于是在第二年，巧克力工厂的利润翻倍，达到 2 万美元，分到股东手里的股息也水涨船高。

这难免会让其他潜在投资者垂涎三尺，于是他们也买进巧克力工厂的股票。现在，想买进股票的人比想卖出股票的人多，这就形成市场对这只股票的超额需求，从而导致股票在纽约证交所的价格上涨：买方人数多于卖方人数，股价就会上涨，反之就会下跌。这完全符合商品买卖的基本规律。

在随后的一段时间内，股票价格开始波动：随着投资者情绪的变化，股价有时上涨，有时下跌。如果市场上出现针对公司的好消息，就会增加公众对股票的需求，股价就会上涨；反之，在投资者对公司持悲观情绪时，就会导致股价下跌。

在随后的几年里，威廉工厂的利润持续增加。而在较长时期内，如果一家公司的利润不断增加，股价通常也会随之上涨。

现在，威廉的股东可以通过两种方式赚钱。他们可以用股息形式实现利润，通常每季度支付一次；或是等到股票大涨时卖出全部或部分股票来赚取现金。

投资者在拥有威廉巧克力工厂部分股份的情况下，可以通过如下方式实现 10% 的年收益率：

莱恩发现威廉巧克力工厂的股票势头很好，于是，决定按 10 美元 1 股的价格买进总价为 1 000 美元的股票。一年之后，股价上涨到 10.5 美元，这就相当于股价上涨了 5%，因为 10.50 美元比莱恩最初支付的 10 美元高出了 5%。

如果莱恩得到了 50 美元的股息，我们就可以说，他又赚到了 5% 的额外利润，因为这 50 美元的股息相当于原始投资 1 000 美元的 5%。

因此，如果莱恩的股票因股价上涨而得到 5% 的收益，又通过股息分红再赚 5%，那么，在一年之后，他的股票实际上已经获得了 10% 的回报率。当然，只有那 5% 股息分红的部分是以现实的利润形式进入了他的腰包。而以股价增值形成的那 5%"利润"只有在莱恩卖出这些股票之后才能得以实现。

不过，由于威廉巧克力工厂的股票经常波动，莱恩并没有因为买卖股票而成为当地最富有的人。研究表明，就平均水平而言，在短时间内频繁买卖股票的人往往赚不过长期持有股票的投资者。

莱恩在很多年里一直持有这些股票。股价有时上涨，有时下跌。但公司的利润还在持续增加，因此，股价从长期来看依然维持上涨势头。每年拿到手的股息让贪婪的莱恩笑得合不拢嘴，再加上不断上涨的股价，为莱恩带来了每年总共 10% 的收益率。

但是，莱恩并没有像我们想的那样安分守己地满足于现

状，在买进威廉公司股票的同时，他还买了霍默面包圈和鲁斯酒吧的股票。但这两家公司的经营情况却很糟糕，让莱恩赔了很多钱。

但更让莱恩抓心挠肝的是，他错过了本来能让他更赚钱的一家名为"令人作呕的巴特"的娱乐公司的股票。如果莱恩买了这家公司的股票，他恐怕做梦都会笑醒，因为这简直和开银行没有什么区别。仅仅在 4 年的时间里，这只股票的价格就翻了四番。

这就是股票的价格有涨有跌的原因，也就是说它反映了股票背后的企业的生产经营状况。因此，要评估一只股票的价值或价格，就要从评估其企业的运营状况入手。这就要对公司的财务状况进行分析，通过资产负债表、损益表和现金流量表等，分析研究公司的盈利状况和现金流，计算每股营业收入、每股收益、净资产收益率、盈利增长率等财务指标，从而了解公司的运营状况，对它的股票估值。

价值投资 VS 技术分析：你是面包派还是甜甜圈派？

我曾经养过一只叫"苏"的小狗，每次给它喂食我都怀疑自己喂的是火箭燃料，而不是狗粮。在庭院里玩的时候，只要主人一背过身，它就会上演《越狱》桥段，跳过 5 英尺（约 1.5 米）高的篱笆，把隔壁家的花园搞得一塌糊涂。这让我们和邻居的关系变得非常紧张。

当我带着苏到野外散步时，它的马力总是开得足足的。我只顾闷头慢跑，而苏则像没头苍蝇般四处乱闯，时前时后，时左时右。但因为有一根长长的绳子拴在脖子上，它无论怎样跑也逃不开我的牵制。

如果我牵着苏从湖边跑到仓库需要 10 分钟，任何明眼人都会意识到，苏跑完这段路也需要 10 分钟，因为它的速度完全取决于我。的确，在整段路上，苏时而远远地跑到我前面，时而落在后面嗅着其他狗留下的"礼物"，但无论如何，苏跑完这段路的时间不可能比我差得很多，因为我们之间有一根绳子。

现在，我们假设有一群非常情绪化的赌徒，他们的赌注就是这只被绳子拴住的苏。当它突然加速跑到主人前面时，赌徒们下注，赌这只狗会跑得很远。然而苏注定会慢下来或是停下来，因为只有这样，牵狗的主人才能赶上它。

进行股票投资的人都知道，通常股价是对股票内在实际价值的一定反映。那么，股价和股票内在价值之间到底是一种什么样的关系？有投资大师将此总结为：人遛狗的关系。股价就像一只狗，而股票的内在价值就像那遛狗的人，狗一会儿在人的前面跑，一会儿在人的后面跑，股价和其内在价值之间的差距，就像人手中那可长可短的缰绳。

实际上，人遛狗只是一种简单的比喻，股价和内在价值的关系，要比这复杂得多。我在这里所指的"面包派"，是一种投资流派，与

股票投资中的情绪问题有关。大家知道，股价是大量市场情绪的集中体现。股票的内在价值在一定时间内是相对恒定的、客观的，但股价却经常大幅波动，更多的是市场情绪化的合力，是市场所有投资者的情绪集体投票的结果。

人的情绪是主观而疯狂的，时而疯狂看涨，时而悲观看跌。看跌时，即使股票实际的内在价值很高，也会被投资者疯狂抛售，从而导致股价变得很低。也就是说，股价固然和价值有关，但更多的是和市场情绪有关，股价所反映的更多是市场情绪。如果不了解市场情绪，只单独片面地分析研究股票的内在价值，就难以真正透彻了解股票的内在价值。

所以，我想到了另外一种比喻，或许更恰当。情绪就像面粉，而股票的内在价值就像馅，如果股价中包含的内在价值更大，那情绪就相对较少，那么，这只股票就像中空带馅的优质甜甜圈；如果股价中包含的内在价值较少，而情绪较多，那么，这只股票就像劣质甜甜圈；如果股价中包含的内在价值少到忽略不计的程度，那么，这只股票实际上就是没馅的面包，而不再是甜甜圈了。

甜甜圈有甜甜圈的吃法，面包有面包的吃法。同理，证券市场就像风云突变的大海，股价变幻无常，诡秘莫测，而投资就像在大海中航行，时而风平浪静，风光旖旎，让人感觉无限惬意；时而好似在惊涛骇浪的风雨中飘摇，巨浪中蕴藏着的无穷风险让人胆战心惊。不同的人在股价飘忽不定的大海上驾驶投资这艘船，就有不同的风格，形成不同的流派：甜甜圈派、面包派等，而甜甜圈派的投资方式，完全迥异于面包派。

甜甜圈派认可股票的内在价值，忽视情绪的影响，实际上是市场上的价值投资派。甜甜圈派进行投资，就要挖掘寻找那些皮薄馅多的优质甜甜圈，对优质甜甜圈进行估值，通过估值判断甜甜圈的合理价值，在市场价格低于其内在价值时买入，在市场价格回升到合理价值或超出其合理价值以后卖出，实现甜甜圈派的价值投资。

面包派忽视股票的内在价值，只看重面包的性质、颜色和质地。面包派认为，股价可以充分反映市场上的所有信息；历史可以重演；以往的股价走势对未来的股价走向有指示作用。

因此，有的面包派通过研究分析过往的股价、交易数量等市场数据以及由此形成的指标、图形和形态，对未来的股价走势进行判断；有的面包派将面包的信息数据归纳总结，进行数据挖掘，形成公式，定型为指标，通过总结指标的规律性，得出投资判断；还有的面包派对市场价格直接形成的图形进行总结，得出一定的规律，用历史经验来得出决策结论；更有的面包派用自然界存在的一些神奇数列如费波拉比数列等，对股价进行预测，并以此指导投资。面包派是投资流派中的第二大派。

面包派大都为甜甜圈派所不齿，被鄙视为不入流，不具有实际操作性，但如索罗斯、西蒙斯等面包派的代表人物，却取得了比大部分甜甜圈派更辉煌的投资业绩。

其实，两种派别各有优劣，最好综合利用二者的优点，避开二者的弱点。比如可以用面包派的方式，但挑的是甜甜圈。通过研究市场的情绪，掌握甜甜圈的周期性波动规律，在低谷买入甜甜圈，在市场情绪狂热时卖出甜甜圈，则更容易获利。

止损：投资者的第一条军规

　　股市中有这样一个关于止损的说法：鳄鱼法则，可以充分说明止损的重要性。鳄鱼法则的原意是：假定一只鳄鱼咬住你的脚，如果你用手去试图挣脱你的脚，鳄鱼便会同时咬住你的脚与手。你愈挣扎，就被咬住得越多。所以，万一鳄鱼咬住你的脚，你唯一的机会就是牺牲一只脚。在股市里，鳄鱼法则就是：当你发现自己的交易背离了市场的方向，必须立即止损，不得有任何延误，不得存有任何侥幸。鳄鱼吃人听起来太残酷，但股市其实就是一个残酷的地方，每天都有人倾家荡产、血本无归。

　　那么，到底什么是止损呢？所谓"止损"就是停止损失，是当你断定自己的投资方向和市场的走势相反时采取的一种措施。在《股票投资的 24 堂必修课》中，欧奈尔指出："止损是最后的保护性措施，是对错误的投资方向的果断处理，是投资的第一要义。"

　　对于投资者而言，止损的目的是保护自己免受难以恢复的损失。不论是投资新手还是有经验的投资者，都会犯错，如果不能很快止损，你迟早会遭受巨大的损失。所以，用头脑、教育、自负、顽固和骄傲来代替完善的卖出规则的制定和执行，结果是致命的。

　　当你买进某只个股的时候，你总是希望赚钱。当你不得不卖出它而承受损失的时候，你会觉得心痛而且不愿承认自己错了。你宁愿等一等，希望价格能回到原位。

　　更糟糕的是，当你卖出股票止损的时候，可能有半数股票的价格却回升了。于是你会觉得非常沮丧，你会认为卖出股票是错的，止损是个糟糕的选择。而实际上,止损是个非常关键的卖出规则。回顾历史,大多数投资者都是在这个问题上犯糊涂,栽了跟斗。

我们不妨这样想:你为自己的房子买过火险吗?那么你的房子着火了吗?如果没有,你有没有认为买火险糟蹋了钱而觉得沮丧呢?你会不会在下一年不再买火险呢?那么,你为什么买火险,是因为你觉得房子会着火吗?当然不是,你买保险只是为了保护自己免受无法承受的损失。其实,这也是止损所要达到的目的。

成功投资需要时间把止损当学费。成功投资不会一夜间实现。很多投资者就花了两三年才弄清楚整个系统是怎么回事。对于大部分人来说,学习的过程是大致相同的。随着时间的流逝,你会越来越善于选择股票,损失也会大幅下降。而且,这些较小的损失也会由于你在其他赢利股票上获利丰厚而抵消。

不妨把这些可控范围内的损失当做付给股市的学费。许多人都认为投资大学教育是聪明的决策。他们并不认为这是浪费,因为他们希望学位能带来事业上的成功。股票市场上也是如此。

任何值得努力的事情都需要花时间去学习。职业球员不是两三个月就能培养出来的,成功的投资者也一样。成功人士与普通人的唯一区别就是他们有决心和毅力。

不过,作出止损决策时要摆脱感情因素的影响。毕竟,由于下跌50% 而决定卖出某只你几星期前刚买入的股票,不会是件开心的事。于是你的感情因素起作用了,你会为了自己当时的买入决策而辩护,证明继续持股是正确的,尽管你已经在赔钱了。

巴菲特说:生命的第一条规则是生存。第二条规则是只要能够让

第一条成立，不要管其他所有规则。做投资，保存实力是绝对重要的，这也是投资者的第一条军规。

像军人一样守纪律

投资，部分是理性，部分是情绪。对于大多数普通人而言，在股市进入牛市时，容易亢奋、冲动，常有"像买菜一样买股票"的豪情；而在熊市时，却变得过分谨慎。随着牛熊转换，对风险的承受程度也在非常保守与非常进取之间来回切换。而投资成功了的有钱人都知道，当市场理性而平静时，很难赚到钱。而当市场亢奋或恐惧时，从情绪波动过大的交易者身上赚钱，却是很容易。他们会把便宜的筹码像垃圾一样扔给你，而把已经存在大量泡沫的筹码像宝一样接过去。

有钱人要么执行长期投资，要么如猎豹般等待有限的机会。而普通人由于情绪冲动，总是追涨杀跌，似乎急着要把资金献给市场。

利弗莫尔曾说过，投资者应在操作中形成自己的准则，并严格遵守。生市场的气没有任何好处。投资者在买入股票前后，应保持清醒，摆脱"身在此山中"的迷思，及时定下投资纪律，严格遵守当初制订的投资计划，并通过写投资日记，培养良好的投资习惯。

在变化多端的市场中，只有坚守"投资纪律"，对各种风险进行有效的管控，以构筑坚固的盾，投资之矛才能更显锋利。

不过，世间的事总是说时容易做时难。无论是投资、减肥或向着任何人生目标的奋斗，最困难的并不是不知道怎么做，而是知道之后执行的毅力、行动的决心，也就是执行纪律的坚决性。即使你有适合的投资交易系统，但是如果不遵循它的规则，不守纪律，不严格执行，那么，交易的结果必然还是一团糟。因此，无论决策如何完美，只有被有效执行，才能得以实现。严格执行投资纪律，依照既定的交易计划行动，就是投资纪律的体现。

成功者与失败者的差别，不全在于智慧和知识的差别，更在于执行力的差别。纪律，是一种人生态度，是投资者依据的法则和原则。巴菲特在交易的执行力方面也有见解："我之所以能有今天的成就，是依靠自律和他人的愚蠢；我们没有必要比别人更聪明，但我们必须要比别人更有自制力。"

人们的行为，总是遵循自我的行为模式，这就是习惯。在投资过程中，如果总是重复犯某种错误，那就是不良习惯在作怪。这种不良习惯，会导致投资者的交易系统存在重大缺陷，而亏损大都来自这个重大缺陷。巴菲特也认为习惯的链条在重到断裂之前，总是轻到难以察觉。因此，要扭转反复亏损的局面，完善自我投资交易系统，就要纠正不良的交易习惯，使得习惯与交易模式相适应；而要调整这些不良习惯，就必须坚决执行纪律，像军人一样守纪律。事实上，股市中大部分成功投资者所靠的都是守纪律，而不是所谓眼光。

投资是一种生活方式

马尔基尔在《漫步华尔街》中说道："投资是一种生活方式。"其实，将投资视为一种生活方式，不仅是他所信奉的法则，更是很多投资大师所恪守的投资哲学，比如琼斯和巴菲特。

股神巴菲特也说："投资已经成了我的一种典型的生活方式。"从下面的一则轶事中你就会发现这位投资大师所言不虚。

一天晚上，巴菲特和他的妻子苏珊受邀去朋友家中吃饭，朋友刚从埃及回来。晚餐过后，他们的朋友架起幻灯机向他们展示金字塔的照片。这时候巴菲特说："我有个更好的主意。你给苏珊放照片，我去你的卧室读一份年报怎么样？"

读年报不光是巴菲特的爱好，还是他最喜欢的休闲活动。对很多人来说，读年报是一件枯燥乏味的工作，但在巴菲特眼中却是一件充满乐趣的事情。因为投资对巴菲特来说已不只是一份工作、一个职业，而是他生活中必不可少的一部分。

巴菲特是亿万富翁，如果他早上不想起床，他可以不起床。而他还是个非常节俭的人，他已经拥有的财富可能永远也花不完。那么是什么因素在激励他继续赚钱？他的动力是什么？

巴菲特的动力很简单：他只想得到乐趣。"世界上没有什么工作比经营伯克希尔更有趣了，我觉得能在这里工作是我的运气。"

对他来说，乐趣就是每天"跳着踢踏舞"来到办公室，阅读一堆堆的年报，与"令人激动的人"在一起工作，"赚钱并看着财富增长"。正如他所说：

"我认为，如果一名衣食无忧的运动员表现良好，那他们要的不是钱。我猜如果特德·威廉姆斯是薪水最高的棒球运动员但只有220个本垒打，他不会快乐；而如果他是薪水最低的棒球运动员但有400

个本垒打，他会很快乐。我对我的工作也有这种感觉。我在做我非常
爱做的事情，钱只是副产品。"

但是并非每个普通人都像巴菲特一样出于乐趣而投资，有些人的
投资是受其他某些原因驱动，例如追求物质享受。他们认为有钱才会
快乐，才会更被人重视或更安全。在这种观念的支配下，他们投资时
经常患得患失。如此一来，投资对于他们不仅没有半点乐趣可言，反
而变成一种沉重的负担。

第 **6** 章

创 业

人生 4 象限，一开始就站进"富象限"里

人生 4 象限：雇员、自由职业者、创业者和风投者

富有，不只是机会，更是一种选择

掌握趋势比掌握信息更重要

量大是致富的关键

借一个支点撬起地球

路常走常新，让对手无路可走

THE **MONEY** SAVING

MOM'S BUDGET

人生 4 象限：雇员、自由职业者、创业者和风投者

罗伯特·清崎，全球知名的企业家、投资家和财商教育专家，在他《富爸爸财务自由之路》一书中，根据人们收入来源的不同，将人们划分为 4 个象限。

第一象限即 E 象限（雇员）：包括工人、职员、公务员、教师、医生。收入来源是为他人工作而赚取的薪金。

第二象限即 S 象限（自由职业者）：包括商店老板、餐厅老板、私企老板、会计师、律师以及自由职业者和小生意人。收入来源是为自己工作而赚取的钱。

第三象限即 B 象限（企业家）：拥有一个能够良好运转的企业系统，让别人为他们工作，收入来源是企业的收益，并且可持续发展。

第四象限即 I 象限（投资者）：有 B 的基础和投资能力，让钱为他们工作，收入来源是各种投资，用钱来产生出更多的钱。

无论你是哪个行业的，必然位于4个象限中的一个，而你所处的位置由你的现金来源决定。

很多人靠薪水生活，属于雇员类型，而另外一些人则是自由职业者。雇员和自由职业者都位于现金流象限的左边。从自己拥有的企业或投资中获得现金流的人则位于现金流象限的右侧。

左边象限的人群：从事的是挑水型的工作，从事某种职业，获得主动收入；

右边象限的人群：从事的是渠道型的工作，拥有自己的事业，获得被动收入。

当你选择通向财务自由的道路时，你需要制订一个目标计划，使自己在未来能够成为你想成为的人。

当然，财务自由在4个象限中都有机会实现，只不过B或I的位置能使你更快地实现财务自由。从这个意义上说，每一个成功的E都应该努力使自己成为一个成功的I。

左上象限E（工薪一族）的特点，是用时间来换金钱。

你都能想像得到，每天工作8小时，加上路上来回的时间，所以你一天里最宝贵的时间都被用来换取工资了，对吗？所以工薪一族是没有时间自由的。

再想想，身边有些朋友上班上了几十年，退休的时候，哪些实现了财富自由？相反的是，在退休的时候收入可能更少了。所以在这个象限内是没有财务自由的。

同样，在这个象限里，无论你从事什么样的工作，什么样的职位，都是别人提供的，如果赶上经济不景气，或者公司裁员，可能还有人

际关系的因素等，你还有可能失去这个位置，所以在这个象限也是没有安全感的。

左下边这个 S 象限，是自由职业者和小生意人。

可能你周围都会有这样的朋友，他们是在给自己做事情。比如说，开饭店、美容院、诊所等。但是，正因为是他们自己创造了一份工作，所以所有的风险都是由他们自己来承担，他们的收入曲线是波浪式的，不稳定的。同时，他们要投入更多的时间来换取金钱，也是在用时间来换金钱。他们只有干才能赚钱，不干就没钱，所以，在这个象限里，也是没有时间自由的。

同样，这些老板，他们如果挣到很多钱的时候，会有很高的支出。当他们生意不好的时候，更不能减少自己的支出，反倒要撑着门面，以吸引更多的人跟他合作。当他们生意好的时候，会投入更多的精力去打拼，因为凡事都要亲力亲为，他们会更累。有人形容这里的人，前半生是用命换钱，后半生是用钱来买命。

罗伯特·清崎也讲了，在这个象限里，当你获得成功的时候，比不成功更可怕，这是 S 象限的特点。

右上边是 B 象限，B 象限是企业家或系统拥有者。

在生活里，你把 B 和 S 都称之为老板，但他们有所不同。因为企业家或系统拥有者有一个赚钱系统。

什么是赚钱系统呢？举个例子，当你购买了麦当劳的特许经营权，你也把他很成熟的商业体系同时购买过来。所以，你进到店里面会发现：同样的装修、同一个口味的汉堡包和同一个温度的可乐。这就是一个非常成熟的体系，运用这个系统，就可把生意做起来。

所以，这个 B 象限是通过建立一个稳定的、有利润的生意而创造持续不断的收入。

通过一个系统来支配别人的时间和金钱，来实现自己的梦想。同时可以获得时间和财富的自由。

右下边的 I 象限，是投资者。

用钱来赚钱，拥有财富的同时，可以拥有时间的自由。

以上左象限里的穷人，恰恰符合了柏拉图的二八原理：即占人数总和80%的穷人只拥有社会财富的20%；而右象限的有钱人，仅占人群中的20%，却拥有社会财富的80%。那么，你想站在哪个象限呢？

富有，不只是机会，更是一种选择

关于财富与人的话题有人提出过这样的一个假说：在一个系统内，初始状态包括有钱人和穷人。然后，把系统内的所有财富重新平均分配给系统内的每一个人。结果会怎样？只要一个小时以后这样的平均就会被打破。

比如：有人拿着分到的钱去下馆子，而有的人用分到的钱去开馆子，一个小时之后，财富就又不平均了。一年以后，也许会长一点，5 年以后，原来的有钱人还会是有钱人，原来的穷人还会是穷人，又回到了初始的状态。

这个假说告诉我们一个人最终是穷人还是有钱人不是运气，也不是所谓的机遇，而是选择，选择了一种生活方式和价值体系。如果你

选择了有钱人的生活方式，选择了有钱人的价值体系，你就会成为有钱人。

有个穷人，因为吃不饱穿不暖，而在上帝面前痛哭流涕，诉说生活的艰苦，天天干活累得半死却挣不来几个钱。哭了半晌，他突然开始埋怨道："这个社会太不公平了，为什么有钱人天天悠闲自在，而穷人就应该天天吃苦受累？"

上帝微笑着问："要怎样你才觉得公平哪？"

穷人急忙说道："要让有钱人和我一样穷，干一样的活，如果有钱人还是有钱人我就不再埋怨了。"

上帝点头道："好吧！"说完上帝把一位有钱人变成了和穷人一样穷的人，并给了他们一人一座煤山，每天挖出来的煤当天可以卖掉买食物，限期一个月挖光煤山。

穷人和有钱人一起开挖，穷人平常干惯了粗活，挖煤这活对他就是小菜一碟。很快他就挖了一车煤，拉去集市上卖了钱。他用这些钱全买了好吃的，拿回家给老婆孩子解馋。

有钱人平时没干过重活，挖一会停一会，还累得满头大汗。到了傍晚才勉强挖了一车拉到集市上卖，换来的钱他只买了几个硬馒头，其余的钱都留了起来。

第二天，穷人早早起来开始挖煤，有钱人却去逛集市，不一会带回两个穷人来。这两个穷人膀大腰圆，他们二话没说就开始给有钱人挖煤，而有钱人则站在一边指手画脚地监督着。只一上午的工夫有钱人就指挥两个穷人挖出了几车煤，有钱人把煤卖了又雇了几个苦力，一天下来，他除了给工人开工资的钱，剩下的钱还比穷人赚的钱多好几倍。

一个月很快过去了，穷人只挖了煤山的一角，每天赚来的钱都买了好吃的好喝的，基本没有剩余。而有钱人早就指挥工人挖光了煤山，赚了不少的钱，他用这些钱投资做起了买卖，很快又成了有钱人。

结果可想而知，穷人再也不抱怨了。观念决定命运，想法决定活法。

这个故事中的穷人有钱人的起点是完全相同的，但最终穷人还是穷人，有钱人还是有钱人。可以说，他们的机会是完全一样的，环境是完全公平的，之所以出现不同的结果，原因就在于不同的选择，即对资本的不同运用。

在这个世界上，能够拿来赚钱的"资本"只有两种。一种是"劳动资本"，另一种则是"金融资本"。

所谓"劳动资本"，指的是用自己的"劳动力"，或是做生意所赚取的金钱。换句话说，只要有劳动就有赚钱的机会。相反，如果自己已经无法再劳动时，钱也没有办法再进到口袋里。简单来说，若要运用"劳动资本"来赚钱的话，就只能一辈子不断地工作。像这种运用"劳动资本"赚钱所产生的思考回路，我称它为"工作脑"。

所谓"金融资本"，指的是用自己所赚来的钱来赚钱（以钱滚钱）。我们所谓的"投资"，指的其实就是运用"金融资本"来赚钱的意思。换句话说，其实"金融资本"就是"即使是在睡觉，不必劳动钱也会

自己跑进来口袋"的意思。像这种运用"金融资本"赚钱所产生的思考回路，我称它为"投资脑"。

在美国，有许多人被称为"有钱人"，但是这些有钱人其实大多都是"劳动富翁"，也就是因为认真劳动而变成有钱人的人。但是另一方面，真正的有钱人是即使不用劳动也能够赚钱的"正牌大富翁"，这些人大都拥有"投资脑"。

因此，我所认定的"有钱人"定义如下："不论是在经济上或是精神上都非常富足，而且拥有掌握未来的能力。"也就是说，可以掌握自己的将来。那么，亲爱的读者，你的选择又是什么呢？

掌握趋势比掌握信息更重要

比尔·盖茨曾说过，创业成功要有好眼光，其实所谓的好眼光基本上需要具备3个条件。阐述这3个条件之前，我们先来看一看比尔·盖茨眼光到底有多好。

微软公司的英文名字叫做Microsoft，它事实上由两个词组成：Micro和Soft。Micro是什么意思？微小？Micro代表的含义是Microcomputer，不只是微小，还有微电脑的意思；那么Soft代表什么意思？不是软，代表的是Software，是软体、软件的意思，也就是微软公司所设计的软体是给微小电脑使用的软件。

但是比尔·盖茨在39年以前，当他20岁创业的时候，全世界第一名、最顶尖的公司叫做IBM。当时IBM的总裁汤姆斯·沃森曾经是世界首富。39年前一台电脑有整个房子这么大。但是比尔·盖茨的眼光已经看到 39 年之后，人们桌子上会摆一台小的电脑。所以他的眼光跟别人是不一样的。

IBM 后来为什么会面临失败，然后又重整旗鼓？原因就是公司的名称定得不太好。I 代表什么意思？I 代表 International，国际；B 代表什么，Business，商务；M 代表 Machine，即机器。合在一起就是国际商务机器公司。所以 IBM 认为它的主顾客都是公司，因为只有公司才能使用大的计算机。

但是在 39 年前，在美国有一个人叫史蒂夫·乔布斯，他创办了苹果电脑。苹果电脑叫做 ApplePC。PC 代表的真正含义就是 Personal Computer：个人的电脑。所以乔布斯在 24 岁的时候，资产一度高达 5 亿美金，那时候乔布斯是全美年轻人的偶像，那时的比尔·盖茨和他简直没法比较。但是，39 年之后，比尔·盖茨身价却超越乔布斯 65 倍。

难道比尔·盖茨比乔布斯聪明 65 倍吗？答案是否定的。只能说比尔·盖茨的眼光比乔布斯更好。比尔·盖茨时常说：在信息时代，掌握信息重要不重要？事实上掌握信息不太重要，掌握未来的趋势才是更重要的。很多人都在掌握信息，但比尔·盖茨这些最会赚钱的人都在掌握趋势，而且不仅是掌握趋势，还要掌握全世界最大的趋势。

乔布斯掌握了个人电脑的趋势，但是比尔·盖茨了解控制电脑硬体的是软件，软件应该是一个更大的趋势。所以比尔·盖茨今天会成为世界首富，完全是因为他的眼光跟普通人不一样。

多年前，当日本一家公司一夜之间跻身《财富》500 强第八名时，人们对它还了解甚少，它就是日本电报电话公司 NTT。为什么很多人

听都还没有听过？因为 NTT 公司发展的速度太快，你还来不及了解，它就已经成功了，其成功的速度像闪电一样。当时的 NTT 只成立了 10 年，就已经是全日本第一名，世界排名第八名。

那 NTT 是做什么的呢？它是做手机的。只要你看到 NTT 手机，会立刻把时常用的那些品牌藏起来，因为其他品牌的手机只要拿出来摆在它的旁边，看起来几乎像古董一样老旧。NTT 手机比较小巧，比当时任何一种机型重量还要轻一半以上，可以上网，而且一部价格只需要 100 元美金，和现在智能手机的价钱差不多，可是，那是多年前 NTT 的价格。

品质又好，重量又轻，造型又美，又可上网，价格又这么低廉，所以 NTT 就是靠这样一个行销方法，靠着它的科技，靠着它的创新，让全日本几乎每一个人手里都有一部 NTT 的手机。

所以，掌握信息不如掌握趋势，掌握趋势不如掌握最大的趋势。在多年前，通讯业是一个非常大的趋势，NTT 就是掌握了这个趋势。

量大是致富的关键

舒尔茨 1953 年出生于纽约，这是世界上人口最多的城市。他从小家境一般，但这不妨碍他体面地长大成人。他很早就开始自己做生意，没多久，他就转行进入咖啡业。因为不喜欢纽约的现实和紧张气氛，他搬到了美国最富有欧洲气息的城市西雅图，并于 1982 年加入当地一家小型企业 Moby-Dick,后成为其合伙人。该企业以出售一种广受欢迎的饮料而闻名，成绩不错，但是市场占有率不太大。

有一次，舒尔茨到米兰出差。那次出差，其他人满脑子想的都是坐船在意大利美丽的河道上穿行，而舒尔茨想的是咖啡。他注意到当地人经常围坐在小小的咖啡馆里，无所事事，沉浸在那种现在被他称为"咖啡体验"的气氛中。这就是星巴克的原型。你我都曾经见过懒散的欧洲人，闲坐着喝那种酸酸的宛如电池溶解液一样的咖啡，以此消磨时间。但是舒尔茨却能从这些稀松平常的现象中发现巨大的市场，并因而改变了整个世界。

他在意大利洞察到了咖啡文化的关键所在。喝咖啡已经成为当地人的日常仪式，而且是非常重要的仪式，特别是对米兰人而言。在米兰，甚至经常有人说："没有咖啡，我就活不下去了。"因此，这已经不是一桩生意，而是私人化的东西。正是这些美好的原始材料才造就了我们的生活习惯、梦想和大量的财富。舒尔茨发现了这一点，并且再未曾动摇过。

舒尔茨为什么赚这么多钱，事实上理由很简单，就是因为他的产品需求量很大。所以量大是致富的关键。或者换句话说：还没有赚钱只有一个原因，就是产品的需求量不够大。

量为什么不大呢？我发现了几个原因：

第一个原因是市场的需求度不够。假设一个普通人要买车，他会买福特，还是买劳斯莱斯？当然买福特。所以，劳斯莱斯公司最后被卖给了德国的大众汽车公司，因为购买劳斯汽车的市场需求度太小了。

如果你只切到金字塔的尖上一点，是很难赚钱的。所以如果想赚大钱呢，要尽量向量大的市场进军。

第二个原因是市场不够大。比尔·盖茨的软件行销全世界，几十亿人口，跟他比起来，即使其他人跟他智慧一样，能力一样，但他的市场大过他们，后者赚的钱还是会比他少。

借一个支点撬起地球

大多数人工作很努力，希望借此获得财务自由或赚更多钱。但他们并未深入研究商业策略，原因在于他们认为自己擅长经营活动，并沉溺其中。他们认为，不一定要对商业策略感兴趣，才能把生意做好。很多人即使成了经营者，也不愿意考虑如何将企业的利润、业绩、固定资产最大化，这也意味着他们会不停地做无用功。

实际上，你已经把所有精力都投入到经营上去了。你没日没夜地工作，许多经营者也跟你一样努力，但却回报甚微。其实你不需要这么辛苦，只要转变一下思维方式就可以了。我提倡的新观念，就是要利用他人的帮助和投资将你的业务最优化。邀请他人参与经营，是让利润和固定资产价值最大化、使你获得快乐和自由的最快方法。你工作已经够努力了，为什么不能从别人的投资中获得最大回报呢？

我可以保证的一点是：单凭一己之力，绝对无法获得最优结果。听起来是陈词滥调，但没有人是在孤岛上生活，接受这一现实不仅是自救的关键，也是新时代哲学的核心内容。而且，它还是你获得利润的关键。如果你是负责制定策略的人，也跟进所有流程的执行，你很可能认为自己用的已经是最佳方法了，但我向你保证，绝对不是。经营者们通常难以接受这条真理，那些在传统经营理念影响下成长起来的经营者尤其觉得难以接受。

过去，单枪匹马、勤勤恳恳的创业者形象让人肃然起敬，而依靠他人的人则显得软弱无力。但是，最好不要把合作视为"依赖"，而要把它视为一种杠杆作用。

著名高管教练罗伯特·哈葛洛夫曾说过，21 世纪伟大企业家的最大特征，是他们创造性地与他人合作的能力。随着社会经济、基础设施和技术的发展，一个人或一家企业再也不可能掌握打败竞争对手、满足客户日益增长需求的所有必要技能了。相关研究显示，在当今快节奏的世界里，人类的知识总量每半年翻一倍。你怎么能指望依靠个人力量掌握这么多必要的知识？寻求合作并不意味着你在哪个方面有欠缺，只是意味着你在有效地整合知识、技能和关系。

把各部分结合在一起，你就打造了一个无与伦比的体系。单打独斗永远没有借助外部力量的效率高，因此，优化公司业务的第一步就是引入"利用他人资源"的概念。

海尼斯是一位旅行餐厅评论家，也是《美食探险》一书的作者。这本书主要介绍美国主要高速公路旁的餐厅，上市之后非常受欢迎，海尼斯的名声更是家喻户晓。这一切，引起了纽约一位生意人派克的注意。当时，派克正在寻找一条能够推广他新开发的烘培食品生产线的途径，他邀请海尼斯成为公司的合伙人。征得海尼斯同意后，他们一起成立了"海

尼斯-派克食品公司"。派克负责产品开发，而海尼斯则负责利用自己的名气和媒体资源将他们的产品营销出去。

他们合作得很顺利。不到 3 周的时间里，他们所生产的各种蛋糕粉即占据了美国 48% 的蛋糕粉市场。

把你的资产与他人的资产结合在一起后，就创造了竞争对手无法匹敌的杠杆。他们仍然在单干，你却朝伟大迈进了。真正的杀手锏在于，你的合作者愿意为你的成功贡献力量，因为你也同样为他们的成功贡献了力量！如果你提供了他们想要的、欠缺的或需要的，他们反过来就会回报你最需要的。

合作的第一步，当然是确定目前缺乏但可通过"借助外部力量"获得的资源。然而，做第一个为潜在合作伙伴考虑上述问题的人，同样至关重要。找出别人想要却没能获得的资源、他们需要这些资源的原因以及如何帮助他们得到它。对有些人来说，这种资源是认可；另外一些人可能需要知识刺激；有些人渴望加入你参与的一个有挑战性的项目，而项目的挑战性则说明它具有成就大业的潜质。

路常走常新，让对手无路可走

在创业过程中，那些充满创意、让人觉得异想天开、无法办到的事，其实比想像更容易赚钱。因为异想天开的事，大部分人都觉得不可能会达成，也不会想要去做。一旦做的人变少，就代表你的"竞争对手"跟着变少，反而更容易成功。

比尔·盖茨说："我总是坚持这样的理念：做生意是一种创新。如果总是跟在别人的后面，踩着别人的脚印走路，赚钱是非常困难的。"这是一条朴素的商业原理，但也是一条充满智慧的原理。要想创业，就应该走自己的路，出奇制胜，用自己的慧眼去发现别人还没开创的事业。如果只是跟在别人后面跑，走别人走过的路，人们做什么你也做什么，只能把原本宽裕的经营市场挤得很窄，无法维持。别人根基稳，还可改产，而你也许没有太雄厚的财力，早已倾囊而出，最终的结局往往就只能是等待破产了。所以，要想赚钱，就应该走自己的路，出其不意，用自己的独到思维去发现别人未做过的生意。

有钱人总是在不断地挑战一切，包括他们自身在内，所以这些人虽然早已经是"亿万富翁"，拥有的金钱一辈子也花不完，仍然每天拼命工作，他们的目的是在创造财富过程中享受创新的快乐。

一提起饰品店，大多数人都会想到女性饰品店。的确，卖女性饰品的店很多，而且生意似乎都很红火。可是，有人却"冒天下之大不韪"，开了一家男性饰品店。

这个人认为，男人的饰品更有经营的空间，因为这样的店很少，而男性又有这方面的需求。并且，这种店投资不多。但由于男性都不太擅长讲价，所以只要在进货时多注重一下品质和材料，就可以转手卖出高于原价几倍的价格。

这个男性饰品店开业后，很快就顾客盈门。不到一个月的时间，店主就收回了成本，而且开始大幅赢利了。店主说，自己信心很足，接下来打算物色一个适合的商场，再开一个男性饰品专拒，毕竟现在这个领域做的人不多。

标新立异是要担风险的，但风险往往和财富并存。如果一味地拒绝风险，那么也相当于把财富拒之门外了。真正的有钱人，都是善于看准时机、大胆进入的。否则，前怕狼后怕虎，等别人抢先一步，那到手的财富就只能拱手让人了。

赚钱其实并不像我们想象中的那么难，如果你能经常思考、多加创新并和市场需求恰当结合，那就很可能找到新的财富奶酪，让更多的财富滚滚而来。

几年前的一个周末，美国年轻人史蒂芬在湖边漫步。他捡起一块圆滑的鹅卵石，爱不释手地玩弄着，忽然灵光一闪，他想到了一条发财妙计。

回到家后，这个年轻人定做了一个精致漂亮的小木盒，下面垫上稻草，然后把鹅卵石放进去，并且美其名曰"宠石"出售。另外，他还附了一本广告小册子，说"宠石"是世界上最理想的玩伴，既不吵不闹不需要喂食，也不必清理粪便。它不像狗那样邋遢，每天要牵着散步；也不像猫那样执拗，对吃那么讲究。

他选择圣诞节前推出包装精美的"宠石"，每件售价仅5美元。这种大胆的做法迎合了不少人求新、求异的心理，结果"宠石"销售火暴，成为最畅销的礼品之一。说起来也许令人难以置信，这个年轻人只用了4个月的时间就净赚了140多万美元，一举成为大富翁。

标新立异不是成为有钱人的唯一途径，但一定是途径之一。尤其在现代这个社会，一味和别人雷同注定无法脱颖而出，赢得财富。只有大胆求新、求变，才能让自己乘上财富快车，更快地远离贫穷，实现致富的梦想。

第 **7** 章

人际关系

认识对的人会召唤金钱

看起来像有钱人，才能成为有钱人

"正能量"的人可以吸引金钱？

绅士名媛都了解"精品"的价值

具备让上流人士"看得起"的本质

要成为有钱人就不可少的魔法话语

THE **MONEY** SAVING

MOM'S BUDGET

看起来像有钱人，才能成为有钱人

一个人的外表跟金钱是有关系的。看看你周围没钱的人，不是他们想要这样，但是他们的外表往往已注定了失败。如果可以改变外表，人生就会改善，因为旁人对待你的方式会不一样。人类也会以不同的态度，对待看起来没钱的人。有钱的人都是一派自信，一副趾高气扬的样子。我建议你看起来就要像这样，有自信、抬头挺胸。

你问我怎么买得起有钱人的服饰？请别就字义直接解释，请作点延伸和联想。人猿可不是靠高级服饰得到族群的尊敬。你走路的姿态比穿的衣服重要，这是你的整体形象。

但这并不表示你可以随意乱穿，每个人都可以光鲜亮丽。跟亲朋好友借一套体面衣服，或是趁着促销买一套好西装（千万不要在平时用信用卡先付账）。

看起来像个穷人，你得到的就是穷人的待遇，你做什么都暗淡无光。穿着真的有帮助，穿得像有钱人，大家会以为你有钱，而且待你态度恭敬。学习有钱人的穿着，要看起来低调而高雅。有质感、简单又经典的样式是有钱人的穿着习惯。一个好发型、干净的指甲……我相信你了解种种细节。

不止穿着要像有钱人，还包括其他很多方面。还记得歌舞剧传奇巨星雪莉·巴锡那首老歌吗？"当你走进夜总会，我就能看出你是一个与众不同的人：一个真正的大富豪。貌似潘安，风度翩翩。难道你不想知道我正在想什么吗？"

当医生用讨厌的小锤子敲击你的膝盖时，你的小腿会抽动一下。你的身体还有另一个本能反应：当你感受到幸福快乐、觉得自己是一个胜利者时，你会无意识地昂首挺胸，嘴角不自觉上扬，眼里荡漾着柔柔的笑意。

这就是胜利者一贯的表情。他们的姿态和举止，都显得很有自信，笑容中也充满了自豪。毫无疑问，良好的姿态透露出你是一个非常成功的人。

下面这个技巧的目标不是让你看起来像一个挥金如土的暴发户，而是让你在别人一看到你时就觉得你是一个如假包换的有钱人。

现在，想像一下你正在走进一道门。那道门可能通往你的办公室、会议厅甚至你的厨房。同时，想像你是一位世界著名的走钢丝杂技演员，你要穿过这道门，迅速地奔向舞台中央，你将用身体的平衡吸引台下观众的目光。

设想门框上悬挂着一小块钻石，它刚好在距离你头顶1英寸(约0.3厘米)的地方晃悠，你要努力用脑袋碰到它，这会拉升你整个人的曲线。

同时想像你嘴里正咬着牙齿矫正器，这会让你嘴角上扬。然后，你昂首挺胸地穿过那道门，这会让你鹤立于骚动的人群之中。你站在舞台的中央，犹如万众瞩目的明星，引起人群的惊讶与羡慕，他们都伸长脖子望着你。现在你看起来就像一位有钱人。

有一天，为了测试这个诀窍的有效性，我决定计算一天内穿过门的次数：60次！包括家里和办公室。每天做同一件事60次，就足以形成一种习惯！良好的习惯性姿态是成功者的第一个标记。运用这种简单的"可视化技术"，会让你整个人看起来像个已经习惯自豪、成功和喜悦的有钱人。

"正能量"的人可以吸引金钱？

"我不想跟他们一起去喝酒"、"那种朋友还是早点断绝关系为妙"，我当然不鼓励大家向朋友说出这类的话。不过，你还是可以再考虑一下这段关系对你而言，究竟有多重要？

我认为对于立志成为有钱人的人，仍然有必要跳脱原本的世界，积极建立"能够带给你成为有钱人能量的人际关系"。例如，在你的朋友中，只要有一人可以称得上是"上流社会的绅士名媛"，对你的价值观就会产生很大的影响。

当然，"绅士名媛"并不是走在路上可以随随便便就遇到；更不是每个拿着爱马仕铂金包、牵着一只黄金猎犬、走在地价高得吓人的黄金地段散步的女性，都能够被称为名媛贵妇的。就我个人的观点而言，能被称为"绅士名媛"的人，应该符合以下条件：

◆ 接受良好教育，有良好教养，在某方面拥有杰出的才能，并能积极学习、善于自我启发。

◆ 拥有可自由使用的资金与资产。

◆ 一年至少有两次长达两周以上的休假，并会妥善规划度假计划。

◆ 有 3 块以上能够表现自我个性的手表。

◆ 最少拥有一栋别墅。

◆ 对于社会有一定程度的贡献。

你周围的朋友中，谁完全符合这样的条件呢？当然，找不到任何一位也是正常的，因为这些条件其实可以算是最终目标了。这样的人已经不仅是个有钱人，还是能站在上流阶层舞台的人。因此，我才会建议大家，尽快建立属于自己的名流人脉。其中的关键在于，对方是否能带给你成为有钱人的强大力量。

假如你有位朋友，他没有别墅，没有高级轿车，每个月的收入非常低，而且从事的还是以时薪计算的工作。这种情况下，是不是应该和他划清界线或远离他呢？

当然不是！关键在于，你这位朋友发出的能量与力量，是否正朝着成为绅士名媛的方向前进。有成为绅士名媛倾向的人，即使现在穷得一贫如洗，将来还是很有可能跻身上流社会。

我的一个朋友安吉利娜，周游全国举办一个名为"如何嫁个有钱人"的趣味研讨会。有一次在拉斯韦加斯赌场，电

视记者问她能否区分伪富豪与真富豪。

"当然。"她答得相当肯定。

"好的，那么在这个房间内谁最有钱？"记者质疑。邻桌坐着 3 个衣冠楚楚的男人，穿着剪裁得体的西服和手工衬衫，喝着苏格兰威士忌。记者想当然地以为安吉利娜会在这些候选人之中挑选一个。

相反，安吉利娜犹如敏锐的猎人，仔细地打量了房间的每个角落。然后她指着坐在角落里一个穿着破破烂烂的牛仔裤、留着长长指甲的家伙说："他非常富有。"

记者大吃一惊，问道："你怎么知道？"

"他的举止像有钱的人。"

安吉利娜可以一眼看出角落里毫不起眼的家伙坐拥庞大资产，而这仅仅因为他周身散发着正能量。

然而，如果你完全无法感受到对方的正能量，就是非常严重的问题了。与对金钱散发出负能量的人交往过甚，你自身对于金钱的正面能量也可能因此逐渐抵消、丧失。所以，这样的人，目前即使很有钱也还是远离为好。

绅士名媛都了解"精品"的价值

另一个关于建立名流人脉的关键，就是要了解精品的价值。例如只要用一个方法，我就可以判定一位女性是否有成为名媛的潜力。

"好漂亮的手表啊！是劳力士吧？"

如果是由女性先抛出问题，我心里都会有"真是敏锐的观察力啊"的赞叹，并十分佩服她。大部分的男性都没有女性这种敏锐的观察力，即使有这种观察力，也会装作若无其事。

有一种人是虽然表面上会装作什么都不晓得，但心里往往比谁都清楚，因此也会若无其事地释放信号给别人。例如看到某商品而不直指，却说：下一代的新产品好像快要上市了等。各位读者是否能想像，如果具备这种观察入微的能力，对于建立自身人脉能产生多么大的帮助呢？

我相信无论什么人，都会因为他人的赞美而感到高兴。因此，如果你有注意到某事也装作若无其事的习惯，最好还是改掉为妙。毕竟，"你的领带好好看喔"，光是这么简单的一句话，就能让对方感到"你真识货"，并且因此对你产生好感。

就算没有真正说出赞美之词，但在宾客云集的宴会等处，你也可以观察他人的穿着。那种一发现某个人好像名媛绅士，就想去和他说说话认识一下的人，通常有很多机会拓展自己的人际关系。由此可见，了解精品的价值与否，对于人际关系的影响力有多大，它可以帮助你认识更多你想认识的人。

当然，真正的名媛绅士们并不会把钱穿在身上。最近我和一个朋友聊天，他说："有钱人基本上分 3 种：一种把钱全穿在身上；另一种把一半钱穿在身上；还有一种，身上完全看不到钱。"最后一种人常常才是真正的有钱人。

我上大学的时候，就认识许多第三种有钱人。比如有个欧洲来的

同学最爱去二手店买衣服，但家里养的马全用 Hermes 马具；另一个同学穿得像个流浪汉，但传闻他老爸不久前才捐了一栋建筑给学校。

仔细观察他们的穿着，发现这些"低调大户"其实穿得也不那么便宜。虽然一身牛仔裤和仿古 T 恤，却搭配顶级的 CSShmere 围巾；瘦瘦的复古眼镜，识货的人则知道是手工的牛角镜框，一副上千美元。这些同学看来不起眼，但身上四处泄露的小线索，加上优雅的谈吐举止，透露着他们其实是落入了凡间的贵族。

后来我想，许多家里有钱的年轻人的低调，更能显示自己的"厚底子"。因为暴发户通常才会把名牌挂满全身，而真正的"贵族"在长久的优越生活之下已经学会收敛的艺术，懂得如何让奢华变得低调，并以气质取代一身看不到的钱。

因此，真正的绅士名媛大多是在一些看似毫不起眼的细节处，多花心思装点，例如佩戴诸如手表这类的小型配饰，或是用高级但朴素的单色系精品，还有一看材质就知价值不菲的配饰……

除了这些元素外，还有其他许多要素是上流人士会善加利用的。为了能注意到这些小细节，你当然要先了解清楚，哪些关键地方是别人会特别精心打扮的，什么样的用品其实属于低调中的奢华。这样，你才可以对其主人有更深的了解。

这也没有什么特别的诀窍，就只能靠自己多"学习"了。不过我认为更重要的是，你自身确实要对这些事物抱着一定的兴趣。这肯定是必备的，因为衔着金汤匙出生、生来就是绅士名媛的人，与努力想进入上流社会、也想成为绅士名媛的你，一定都有些"想要拥有之物"。因为想拥有的欲望是成为有钱人的关键。

具备让上流人士"看得起"的本质

绅士名媛及朝这个梦想迈进的人，不仅拥有的物品都是一流的精品，其教养也理应是一流的教养。这来自于他们追求一流生活、一流人脉的自我意识。

如果佩戴着劳力士的高价手表，却连基本的打招呼、问候的礼节都不懂，对其他人也总是一副高高在上的态度；或是连女性优先这种最最基本的礼仪都不了解的人，算不上"拥有一流的教养"。这种人充其量只能算"有钱的暴发户"。

和这种人建立友好关系，并不会为你带来任何好处，对你的人脉也没有任何意义。因此，除了注意一个人所拥有的物质条件之外，其待人处事的态度与方法，也需要多花点时间观察才行。与此相对应，当你举手投足都透露出一流的教养时，其实对方也正在仔细观察你的一举一动。

仔细一想，这也是当然的！就算你有预感"这个人以后一定会成功"，但他对你却没有"好想和你成为好朋友"的感觉，那么无论你再怎么欣赏他，终究无法与他交朋友，更别提将他纳入你的人脉中了！那么，怎样才能吸引这些你想与之交往的人的注意力呢？以下是一些建议：

第一印象头等重要。时下流行的观点会告诉我们第一印象很重要，但是，这个说法还不够极端。你永远不能只是泛泛地接受这一规则，要把它放在头等重要的位置。第一印象就是一切，因此，永远穿一双干净并能表现你身价的皮鞋是非常重要的，你当然不希望别人联想起

你的时候，想到的是那双廉价带污渍的鞋子。无论时代怎样变迁，此法则永远成立。

名片贵气不俗气。不要以为花 2 000 美元请一个上流人士吃顿饭，就会让他对你印象深刻，因为这对他们来讲，已经是司空见惯的事。更经济的办法是，见面时送他一张你花 100 美元制作的名片，这样的效果或许会更好。至少在他的名片夹里，你是最特别的一个。贵气却不俗气的名片，会让你身价倍增，这比在媒体上做广告要划算得多。

乐观是最好武器。乐观不只是态度，更是武器，也是伪装。千万不要忘记这条法则，尤其是在被指控犯罪或偷税漏税罪的时候，你的态度尤其重要。此时你随时可能被摄像头笼罩，而乐观就是最好的武器和伪装，沮丧或暴怒会让你在公众心目中的形象一落千丈，那是非常愚蠢和不值得的。

如果你很难控制自己的情绪，那么，多去咨询那些好莱坞明星们的职业顾问吧，他们会教你如何应对。

镜头前保持安静。面对摄影师，你可能会摆出夸张的姿势或做出丰富的表情。这种奇异的表情，往往只是一时的突发奇想。当然，在摄影机前，你的这种行为，总会被人们原谅。

而电视摄像机就不同，它并不能提供同样的友好礼遇。任何持续 3 分钟以上的采访，都会把采访对象定格在一个固定形象上，而这个形象，被采访者可能要花费 20 年的时间来修正或逃避。举止优雅的嘉宾，应当努力保持有礼貌的安静，就像经过高度抛光的木头一样。不要坐立不安，不要用手指敲打演播室的桌子，不要讲未经演练的笑话。

彰显得体形态。想让自己在上流圈子里分量十足，一个简单经济的办法是，摆出庄重的姿态。能身居上流社会的人本身就已见多识广，你轻浮的举止一定逃不过他们的眼睛，更会让自己在圈子中一文不值。因此，看看如下规则：

任何时刻都要记住，你脑子里装满了秘密，它们分量十足，绝不能像五彩纸屑那样被随意抛撒。

当你坐在会议桌边时，要感觉你像格林斯潘做演讲一样，说话掷地有声，或者像路易·威登的箱包一样，彰显自己的身份。

勿错过坐私人飞机。绝不要错过乘坐私人飞机旅行的机会，你很可能会遇见一些重要人物。如果这架飞机恰好飞往明尼苏达州或者棕榈滩，即便当时你想去的是旧金山或者波士顿，获得与这些重要人物认识的机会，也会大大弥补你所遭遇的小小不便。

但是，不要携带毒品（否则整架飞机可能都会被没收），最好穿旧衣服（这表示你把乘坐私人飞机看作生活必需品，而不是奢侈品）。一定要抑制住请求驾驶员低空飞过约塞米蒂国家公园（位于美国加利福尼亚州中部）的冲动，你不能让人以为你没见过世面。

西服套装晚礼服。千万不能抱着"一穿惊人"的思路，为了让自己显得特别而着装怪异。这样的话，你只能不折不扣地成为上流社交场所里为众人观赏的"火鸡"。

选择不刺眼的颜色和不引人注目的装饰品，可以解决有关服装问题的任何疑问。影视明星可以通过奇装异服制造时尚效果，或者将其称为"个性"，而上流人士则不必如此。他们追求的是既可体现优雅又能赢得尊重的形象，他们的穿着就像他们的观点一样，应该与家具

和窗帘相匹配。就着装而言，西服套装总是可取的，而穿晚礼服永远不会出错。

不谈过激话题。在一个高档的社交场合说话时，千万不要用一个过激的话题来吸引别人的好奇目光。人们并不只是想听到一个话题，而是想听到一个有关此话题的体面说法。

一般而言，谈论环境是一个不错的话题，比如，环境像蜂鸟的翅膀一样脆弱。此外还可以谈论媒体，比如，媒体总是误导民众。当然也可以谈论棒球，比如，与马球相比，棒球这种运动要更为民主。谈论艺术时，要记住，艺术只是内心世界的一种装饰。当谈论金钱时，要说它是神圣不可侵犯的。如果聚会主人说他喜爱胡萝卜，那你就要提一提彼得兔和康涅狄格州的花园。

要成为有钱人就不可少的魔法话语

要想成为有钱人，就要学习如何成为"让绅士名媛喜爱的人"，以借此机会扩展自己的人脉。而在此过程中，有一些要素是取得成功的关键。这些要素也不仅适用于与绅士名媛的交往、应对上，只要适当地加以调整，也可以套用于所有的人际关系中，可说是万能的"魔法话语"。只要你的态度、言行举止中透露出隐含这些要素的重要讯息，就可以让那些能帮助你成为有钱人的人自然而然地聚集到你身边。

我将这些要素总结成几个关键词来传递给各位读者。

关键词一：梦想。想成为富翁，一定要有非常强烈的赚钱欲望。而金钱，也是用来满足个人欲望的。罗曼蒂克的人为了实现人生的梦想，也就充满了斗志，这斗志就是激励赚钱的最大动机。因为，只有赚大钱，才能实现"美梦"。

关键词二：**施舍**。越有钱的人越小气，赚过钱的人才知道赚钱的困难，但他们一定懂得适度"施舍"，因为施舍也是赚钱的重要手段。白手起家的人，一定待己俭朴，一条毛巾可以用到破，一块香皂可以磨到完，但他知道赚钱是靠大家一起完成的，因此，他绝对乐于与他人分享。

关键词三：**上进**。如果你已习惯朝九晚五的上班族生活，整天上班、下班，日复一日，任凭岁月流逝，你一定成不了富翁。一个积极想要赚钱的人，绝不以温饱为满足，一定想要让生活多彩多姿，天天充满赚钱的活力。具备了这个要素，再坏的天气，再苦的工作，你也会心甘情愿地去做。而当你养成了这个赚钱"习惯"后，财富自然愈来愈多。

关键词四：**渴望**。社会上的大富翁，出身背景往往呈现两极化，不是继承祖业的企业家第二代，就是从小贫困、白手起家的创业者，而后者的能力和累积财富的持久力大多优于前者。这充分说明，一个生长在贫穷家庭的小孩子，因为穷怕了，所以有着比一般人更强烈的赚钱欲望。

关键词五：**实践**。按常理分析，越聪明、会读书的人，就应该越能赚钱。然而，事实上，有智慧的人往往囿于理论，不善计谋，"智慧"反而成为赚钱的障碍。赚钱不能光靠理论，一定要亲自实践，不要在知识的象牙塔里做白日梦。

关键词六：**活跃**。一般人想要赚钱，也一定要勤于"动"，不管

你是一个小业务员或是修车技术工，平常勤于与人"互动"，让人际关系活跃起来，赚钱的机会自然较多。赚了钱之后的投资理财行为也一样，投资是"动"，储蓄是"静"。如果只是储蓄，所赚利息常被通货膨胀吃光，是赚不了钱的人。在"动"的过程中，要特别记住不要害羞，不要怕没面子。你要大胆、乐观地试试看。尝试的过程，不仅让你体会人生百态，也让你领悟赚钱的方法。

关键词七：**自信和好奇**。充满自信心和好奇心。如果你一点自信都没有，总觉得个头太矮、体重太胖、口才不好、肌肉不结实、年纪太大，那么，你永远也追不到心爱的女友。赚钱也一样，想要致富，不仅要充满自信，更要充满好奇心。好奇是人类生活进步的原动力，是一种创造力，也是一种魄力，有了这种魄力就会去投资、冒险，而这种行为正是致富的主因之一。

第 8 章

时间、空间和信息

有钱人的"3D 收纳吸金术"

时间是最重要的资产

看电视的时间和成为有钱人的概率成反比

房间脏乱差的人，通常也没钱

杂乱的电脑桌面象征主人混乱的大脑

找不到名片，等于失去了"未来的金主"

THE MONEY SAVING

MOM'S BUDGET

时间是最重要的资产

有钱人最重要的资产并不是他的钱，不是他的车子、房子，甚至不是他的公司，而是他的时间。在我们拥有的所有资源当中，只有时间是真正有限的。每个人都可以去赚更多钱，可以买新车，但我们永远不可能买到更多时间。每个人在这个地球上生存的时间都是有限的。

我发现，在时间的问题上，有钱人和常人的想法迥然相异。正是这种区别每年带给他们成百上千万美元的收入。正是这种思维方式上的差异造就了穷人和有钱人在生活上的天壤之别。

从来没有人能够清楚地阐释时间的价值，但只要留意那些有钱人，你就会发现，这些人身上都有一个共同的特点：他们懂得珍视时间。对于他们来说，时间是最可宝贵的财富。其他一切都可以被看成是无限的资源：如果丢了钱，你还可以通过努力去赚更多；丢了车子，你还可以再买一辆；丢了房子，你还可以换套新的。

但时间对于任何人来说都是有限的，一旦失去了时间，你就根本不可能再找到任何东西来替代它。我们都有足够的时间来实现自己的理想，但与此同时，我们的时间资源又都是有限的。在这段有限的时间里，你可以选择为这个世界留下一笔财富，也可以晃晃悠悠地虚度光阴。时间一旦被偷走，就再也无法挽回。

可不幸的是，大多数人都没能看清这一点。他们并没有足够重视自己的时间，更不懂得去精心守护自己的时间。这种态度让他们失去了原本可以帮助他们实现梦想的时间。

有钱人意识到，时间其实就像是未来的种子。你每天为自己的未来播种多少，取决于你每天是如何运用自己的时间的，你的未来就在于你播种的方式上。

你的时间都用来干什么了？你是否用它来实现自己的梦想，还是在无所事事地浪费时间？再过 6 个月、1 年、5 年，你可能仍然跟这个社会上 95% 的人没有任何区别，你不懂得守护和利用好自己的时间，于是你的梦想也就永远只能是梦想。

但只要能够了解这一点，并把它记在心里，你就可以改变自己的未来。这种改变可以让你进入有钱人的行列，因为有钱人绝对不会浪费自己的时间，他会最大限度地利用每 1 分钟。对于他们来说，时间是一种绝对无法取代的资源。

每个人都可以用时间来换取自己想要的东西。只要使用得当，你所花费的时间就会让你的生活发生变化，从而会让你得到自己想要的东西。你需要学会重新组织自己的时间。在利用时间这个问题上，有钱人都掌握一些基本的方法，这些方法是任何人都可以学习的。

有钱人把时间看成自己最宝贵的财产，在他们看来，很多人对待时间的方式似乎都让人费解。有钱人之所以能够成为有钱人，就在于他们拥有足够的远见，懂得让别人来修剪自己的草坪，打扫自己的房间，这样他们就可以有更多的时间去追逐自己的梦想。时间和金钱之间有直接的联系，有钱人非常清楚，实现梦想的秘诀就在于最大限度地利用自己的时间。

要想更好地理解自己利用时间的方式，不妨举个洗车的例子。问问自己，你是如何看待洗车这件事情的呢？大多数人可能都会说，"我才不会花 9.99 美元让人来洗车呢，我完全可以自己洗。"于是他们就这么做了。

可不知你想过没有，如果自己洗车的话，你需要花费怎样的成本。准备洗车的工具和洗车加在一起差不多需要 1 小时的时间，也就是说，为了节省 10 美元，你需要花掉 1 小时的时间。

但如果你能换种思路，让别人来洗车，这样你只要等上半个小时就可以了。不仅如此，在这半个小时里，你还可以读一本书，学到更多更有价值的东西。如果你能够有效地利用这段时间，它所给你带来的收益将远远超过 10 美元。

换油也会浪费你很多时间。只要花上 16 美元，你就可以在沃尔玛让人帮你换油。我知道有些人会选择花 10 美元买工具，然后再用 1 小时的时间来完成所有工作。不过，这样总共也只能为他们节省 6 美元。如果你用这一个小时来做一些对于实现自己梦想有用的事，它所给你带来的收益也绝对不止 6 美元。

请问问自己，你的潜在价值有多少？我不是说你现在的价值，而是你的潜在价值，你现在的时间在未来的价值究竟会有多大。问问自己，如果你把现在的时间用来做一些对未来有益的事情，这些时间将会创造出多大的价值？如果计算的结果表明，你现在所浪费的这些时间在未来会价值数百万美元，你就可以得出结论，你现在的每小时绝对不止价值 10 美元或 6 美元。

换油所花去的 1 个小时在未来可能价值 250 美元，洗车用掉的那 1 个小时也是如此。目前你可能觉得自己的 1 个小时也达不到 250 美元，但我现在说的是你的时间的潜在价值。如果你能够更好地管理自己的时间，换一种角度来看待你的时间，你的这些做法在未来就会为你带来成百上千万美元的收益。这样算来，你现在的时间价值该如何计算？它可能要比你想像的值钱很多。

你所需要做的，就是下定决心，开始管理好自己的时间，将其视做一项重要的资产。学会像有钱人那样思考。扔掉那种"我现在每小时只能赚 10 美元，所以我还不如自己洗车"的想法。你需要这样思考："我会花 250 美元洗车吗？"答案是显而易见的。当你开始用这种思路来思考问题的时候，你就会换上一种完全不同的心态。

看电视的时间和成为有钱人的概率成反比

凯瑞是一家房地产公司的职员，每天过着单调的生活，没有钱，单身。由于近年经济不景气，房市供应过剩，让他的销售工作迟迟没有进展。每天，凯瑞都要加班。好不容易回到家，已经是晚上了。凯瑞脱下西装，换了 T 恤和短裤，

一下子就摊在了沙发上，然后很自然地拿起遥控器，按下电视开关。"今天的节目还是很无聊啊！"虽然嘴里抱怨，但他拿着遥控器的手却还是不断地转换频道。后来，他将频道锁定在深夜的综艺节目，整个人坐定，打算认真看电视。"说真的，这个节目永远都是这么无聊。""既然这样，不看不就得了……"尽管心里这么想，凯瑞的眼睛还是盯着电视屏幕看。等回过神时，已是凌晨两点，该上床睡觉了。直到这时，凯瑞才不得不关掉电视。于是，一天就这样毫无意义地度过了。

与凯瑞类似，有很多人每天都要花 1 ~ 3 个小时看电视。如果睡眠时间是 7 小时，一天的活动时间就是 17 小时。白天几乎都在公司度过，上下班也要花费很长的时间。除掉这些"被公司剥夺的时间"，剩下来属于你的时间大约只有 7 个小时。而你竟然用 1 ~ 3 个小时来看"无聊的电视"。除了公司，连电视也剥夺了你的宝贵时间！

你是不是也跟凯瑞一样，每天都过着这样的生活？

说真的，电视简直就是"窃取时间的小偷"。一旦打开电视，就算嘴里埋怨电视节目"无聊""低级"，还是会一直盯着看下去。你的宝贵时间就在看电视的时候，一点一滴地流逝。如果你希望"不再为钱烦恼不安"，从今天起就戒掉一直开着电视的生活模式。因此，请向有钱人看齐，别再一直开着电视，将看电视的时间用来自我成长吧。你可以看书、学习，或是为了赚钱累积必备的知识。坚持下去，一个月你就能拥有 60 ~ 90 个小时的学习时间。能做到这样，一定能够快速成长。提高斗志，以坚定的意志，斩断那些"坏习惯"吧。

如果你不支配你的金钱,它就会像细沙一样,从你的指间溜走。如果你不好好思考一下如何用钱,那你就不清楚上个月的钱都花在了哪些地方。时间也是一样。如果你不好好规划你的时间,那么你最终可能也会臣服于美国作家查尔斯·赫梅尔所谓的"紧迫事件的专制",一整天都忙碌不已:同时做好多事情,总是忙不迭地跑去救火,却无法离你的目标更近一步。

制订一个时间预算表会让你成为时间管理大师,重新把握每一分每一秒。你再也不会在一天结束时,除了筋疲力竭之外,一无所获。当你规划自己的时间时,你不仅有了更多的可用时间,你的生活也会恢复平静和规律。这会让你更加有效率和精力充沛。它会引领你获得更大的财务自由和时间自由。

那么,该如何制订时间预算表呢?以下是我的一些建议:

第一,从你拥有的时间开始。无论你是否乐意,你一天只有 24 个小时。但大多数人总想着如何把需要额外花费 5 个小时的工作、项目、活动挤进这 24 小时里去。这实际上是在否认你一天只有 24 小时的事实。难怪你会觉得每天都有成百上千件事情等着你去做。

第二,预留 8 小时的睡眠时间。我们都知道成年人需要保证 7 ~ 9 小时的睡眠时间,但是很少人做到这一点。讽刺的是,开夜车并不会让你效率更高。事实上,长期无法保证 7 个小时睡眠时间的人,更有可能遭遇体重超标之类的困扰;患心血管疾病、糖尿病、心脏病的风险更高;反应变迟钝,头脑敏锐度下降,包括记忆力衰退和认知障碍;生活品质下降。因此,首先要保证充足的睡眠时间,你才能够过上健康、有活力的生活。

第三，预留 2 小时的储备时间。在时间预算表里，给睡眠时间预留 8 个小时后，你可能想把剩余的 16 个小时填满。如果你这样做的话，就相当于一开始就失败了。因为生活并不会完全依照你的计划进行：有人打电话、登门拜访、宝宝拉肚子了、洗衣机坏了、路上堵车了等。所以，不要让意外事件毁了你一整天的计划，不妨预留 2 个小时的应急时间，以便处理意外事件。

第四，按照事情的优先顺序安排剩下的 14 个小时。你可以为每个特定的事项分配一个时间段，然后根据每天的活动微调；你也可以只把时间预算表当作指南，确保你的优先事项排在前面，不要让紧迫任务扰乱你生活中的重要方面就行了。

我的朋友杰西卡制订了时间预算表后，她的生活也因此焕然一新。

以前，杰西卡认为她必须制订一份规定得很死的时间表，因为大家都是这么做的。但是作为 2 个学龄孩童的母亲，她很难做到这一点，因为总是有意外事件发生。她不可能预料到什么时候该换尿布或者什么时候某个孩子需要帮助。所以，最终常常是时间表不可避免地被废弃，而杰西卡也因为自己总是没能完成计划而没有勇气制订计划。时间预算表的不同之处在于，杰西卡可以为某件事情多预留一些时间，找到时间后立刻把它完成。

时间预算也不同于标准的任务清单以及杰西卡过去使用过的其他时间管理工具。它让杰西卡觉得自己才是时间的主宰。过去，如果杰西卡把"洗衣服"写到清单上，如果不把所有的衣服洗完，她就会感觉很糟。但是如果杰西卡知道自己只预留了 30 分钟洗衣服、叠衣服、收纳衣物，那她的负罪感就减轻了。因为即使还有些衣服没有洗，今天洗衣服的任务也已经完成了。时间预算让杰西卡意识到自己能力有限，让她看清自己完成了哪些事，就算没有全部做完，也不必感到内疚。

制作时间预算表并不难，跟金钱预算表差不多。但是你必须坚持到底，必须经常进行评估并找到解决问题的办法。生活是艺术，不是数理化，因此，总需要做一些取舍。但是，当赶不上时间预算表时，你可以每天坚持完成其中一件事，从中获得一些鼓励，慢慢的，就可以走上正轨了。

房间脏乱差的人，通常也没钱

打扫房间、整理冰箱、收拾书桌……凡此种种，初看之下跟金钱一点关系也没有的事情，却往往是我大力推荐的。这些事跟金钱有什么关系呢？想必有人会觉得很不可思议吧！不过，在我终于可以只靠投资获利生活的过程中，察觉到了某个有趣的法则：我发现"丢弃不用物品"的行为与"储蓄"有着密切关系。在我"负债累累"的时期，房间里堆满了"物品"。

在金钱上出现问题时，通常在生活上也会出现问题。因为生活和

金钱是息息相关的。这点从我庞大的博客粉丝中，可以看得一清二楚。换句话说，如果想要改善金钱方面的问题，就必须重新审视其浪费或消费的部分，如果不从日常生活开始改善，就无法治本。我深深感到，在意识到金钱的使用方法的同时，也必须重新调整生活才行。

请做一下下面的小测试：

◆ 房间脏乱，需要的东西要找半天才找得出来。

◆ 不把跟朋友的约定当回事（比如常常迟到）。

◆ 跟同事出去吃饭或喝酒的时候，常常会请客。

◆ 冰箱里永远都塞满食物，甚至有些已经坏掉了。

◆ 身上穿戴的多半都是名牌货。

◆ 一提到买东西，就想到便利商店。

◆ 一点都不注重外表（衣服或鞋子等总是脏分分的）。

◆ 对于自己的缺点总是有一大堆借口（常把"但是"挂在嘴边）。

◆ 对任何事都采取逃避态度（常常说话不算话、联络不到人）。

◆ 不只是在金钱上"非常随便"，也表现在体型上（也就是肥胖的意思）。

◆ 收到账单往往不会马上打开来看，有时候还会搞不清楚当月要付多少钱。

◆ 虽然很喜欢买东西，但过几天就会忘记自己买过什么了。

怎么样？如果你有 5 个以上选项的话，就要注意了。你已在不知不觉中过着没有钱的生活了。

金钱问题就是生活问题

下面为大家举个金钱跟生活息息相关的实例。

我的朋友卡莉（33 岁，单身，上班族），明明月薪高达 8 000 美元，却还是债台高筑、没有钱。她看起来是个非常精明干练、成熟稳重的人，一点都不像"负翁"，没想到负债总额居然高达 7 万美元！

开始，我还以为她负债的原因是由于女性的通病，也就是购物依赖症，没想到竟然是因为她是个众人公认的美食家，一个月的伙食费高达 3 000 美元，这实在太多了。再仔细追问下去，她每个月居然还要付 3 000 美元的保险费。月薪有 8 000 美元，而且还是位单身贵族，有必要支付那么高额的保费吗？

那么，卡莉明明有那么高的收入，却还是债台高筑、没钱的原因是什么？

◆ 伙食费太多了（应该要控制在收入的 15%～18%）。

◆ 保险费太贵了。

◆ 还款额度太高了（虽说欠债还钱，天经地义，但如果收入无法支撑还款额度的话，财务就会出现缺口）。

对卡莉来说，以上皆是。就是因为这些原因，导致她生活捉襟见肘，靠信用卡预支现金，形成恶性循环。

175

最让人觉得不可思议的是，换作是一般人，早就应该对这些过高的数字产生疑问了，而卡莉却浑然不觉。于是，我让卡莉做"生活自我测量表"，结果发现：

◆ 冰箱里明明还有堆积如山的食物却还要买。

◆ 上班太累了，实在提不起劲自己做饭。

◆ 经常买地下美食街的食品打发一顿。

当然，冰箱里的食材也常常没来得及吃完就坏掉了。既然如此，我建议她如果要买熟食的话，就别再囤积食材。而且因为熟食实在太贵，不妨试着在假日自己煮饭。

卡莉表示愿意在可能的范围内自己做饭。当然，有时候还是会买熟食来吃，但是购买方式已经改成只买必要的东西，同时也已经养成尽可能先把冰箱里的东西解决掉的习惯。这么一来，她的伙食费便轻松地减少了30%。可见她以前花了多少钱在食物上。而且，不止省了钱，还有一件令人开心的事：原本身材有点丰满的卡莉，在改变生活习惯之后，可能是因为减少了油脂摄取量，身材似乎苗条了一点。

当我告诉卡莉这个发现时，她很高兴地告诉我，只一个月，她的体重就已经减轻了3公斤。"没想到改变生活方式之后，不光有钱了，对美容及健康也有益处。一直以来，不管是我的生活习惯还是花钱方式都乱七八糟的。"卡莉这样说。

由此可知，金钱和生活是会互相影响的。卡莉已经切身感受到，不良的生活习惯跟浪费是一体两面。所以，想要有钱的必不可少的一步就是整理。所谓"整理",并不是排列整齐,而是整理自己"需要的物品",要用的时候马上就能找到。因此,首先你必须辨别哪些是"不要的东西",然后全部丢掉。不丢东西,就无法进入整理整顿的阶段。如果你总是舍不得丢东西,就意味着你缺乏辨识能力。为了培养辨识能力,首先你要面对自己,重新审视眼前的状况。比如,对于卡莉而言,就是面对她"负债累累"的现况。

下面我向大家推荐一个快速决定一个物品去留的 5 个办法:

我是否需要这个物件? 需要在这里是关键词。就算没有这个物件,你的生活也不受影响,那么你可能并不需要它。我并不是说你应该只有 2 件外套,1 双鞋,但是应该客观地评估你到底需要多少服饰。

我是否经常使用这个物件? 如果那个物件你 6 个月才用一次,扔掉吧。如果你在地下室的角落里找到一个过去 10 年来只用过 1 次的食物脱水机,你要么把它拿出来重新使用,要么给它找个新主人。

我是否喜欢这个物件? 有时候,保持杂乱更加容易,仅仅因为我们已经习惯这种状态了。由于这个物品已经成为家的一部分,我们根本不会去注意有用或者喜欢的东西。如果它对于你一点作用都没有,甚至你都不喜欢,扔掉它!

这个物件是否会占用我宝贵的空间? 很多人都认为,他们需要更大的房间才能放得下所拥有的东西,但其实应该扔掉一些东西才对。比如,刚结婚的头 6 个月,我和丈夫都是住在一个只有一个壁橱和一间卧室的公寓里。我们把所有可用的空间都占用了,包括床底下、浴池下。同时,我们学到了重要的一课:你拥有的空间越小,你需要的东西越少。

可以把这个物件送给别人吗？ 我最喜欢的送出物件的方式之一就是，把我不再喜欢、不再使用的东西送给需要的人。这不仅摆脱了不需要的物品，而且在这个过程中方便了别人，似乎还让对方节省了不少钱。我并不是鼓动你把 10 包垃圾扔到朋友家门口，而是说，如果你知道朋友家需要尿布，而你的儿子已经长大了，家里有没用完的半箱尿布，就可以把它们从育儿室里拿出来，省得它们占用空间。

还记得上文中提到的我那位疲惫不堪的朋友卡莉吗？她的生活一团糟，并总是为此付出代价，不是字面意义上的代价，她确实为此掏腰包了。不过，当她清除生活上的杂乱之后确实发生了可喜的改变。

卡莉知道不能继续这样下去了，于是她选择了某个星期，取消了日常安排上的一切活动，一整周都只做简便的晚餐。她花一天的时间四处查看自己的家，找到杂乱的区域以及需要解决的存放问题，然后每天解决一个区域的问题。

重要的日子来临的那一天，她走到第一个区域，把所有东西都清出来，分类成"扔掉""卖掉""送人"或者"重新放好"。当家里变得井井有条后，她又想办法保持这种整洁，以免家里再次陷入混乱。

卡莉现在的生活比过去舒适多了。最棒的是，与过去一团糟似的日子相比，如今她能够省下更多的钱。现在，她学会了为生日和节日而提前购买礼物和其他东西，而不再像以前那样在最后一刻才冲到商店购买。她也不再交滞纳金了，也不再因为找不到家里的东西而另买一个了。而且，由于提前计划，她不用来回奔波，节省了不少油钱。由于时间充裕，她不再急着赶路，而是把车速保持在每小时 60 英里（约合 96 千米）以内，这种速度能够节省不少汽油。最重要的是，她再也不用半路折回来取忘记拿的东西了，因为出门前她作了充足的准备，把所有需要带上的东西都列出来，出门前再检查一遍是否带齐了所有东西。

杂乱的电脑桌面象征主人混乱的大脑

我经常在咖啡店看见拿着笔记本电脑、随时随地都在工作的"游牧工作者"。我平常不会拿着笔记本电脑四处奔走，因此这些人对我而言非常特别。

不知道为什么，我觉得这样的人好酷：可以一边喝咖啡，还能一只手利落地敲打键盘。如果手机响了，他们会用肩膀夹手机，双手继续敲键盘，还能跟手机另一端的人交谈："是的，关于那件事。如果可以的话，我马上把提案送过去。"我真的很崇拜这样的人。

每当我在咖啡店看见动作利落敲打键盘的人，不管对方是男性或女性，我都会尽量选择他附近的座位，然后悠闲而仔细地观察对方的工作情况。

在此声明，我绝对不是偷窥狂，只是很羡慕"游牧工作者"的工作态度。可是，也曾遇过让我失望的例子。因为我看到对方的电脑桌面被文件堆满了。根据我过往的经验，这些人通常就是"没多少钱的人"。

　　我的朋友桑妮刚到保险经纪公司任职时，认识了工作能力很强的保险业务员格雷先生。他的签约件数经常是第一，还是位帅哥，深得客户信赖，也是同事眼里的英雄人物。我与格雷只见过几次面。

　　格雷非常照顾刚进入这一行的桑妮。他告诉她："有任何不懂的地方，可以问我。"还说，"我觉得这个数据值得参考，你最好看一下。"他经常使用电子邮件传送数据给桑妮，在工作上给她很多帮助。

　　女同事们只要一谈起格雷，就会眉开眼笑地说："格雷能力好，人又体贴，真是完美男人！"桑妮好像也对格雷颇有好感。

　　可是，有一天一件丑事发生了。格雷和往常一样，打算发送数据给桑妮参考，寄出的数据文件竟然是全裸的性感美眉的视频文件。

　　"因为电脑桌面的文件太多了，才会搞错寄了裸女视频文件给你。"虽然格雷作了这样的辩解，但为时已晚。这是何等失态的事啊！不用说，桑妮对于格雷的美好印象，就在一瞬间破灭了。

　　记得当时我一边回想着格雷的电脑桌面，一边语带同情地对桑妮说："他的电脑桌面确实塞满资料。"

　　后来大家好像都在抨击格雷，没多久他就被调到地方的分公司。根据不可靠消息，公司是以"错将客户个人资料外泄"的理由，对他下达了调职命令。

这是格雷的故事。也许他又像误传裸女视频文件那样，搞错文件，将重要的个人数据文件外泄……

请你现在马上检查自己的电脑桌面。是不是文件已经多到看不清楚桌面图案了呢？是否有一堆文件杂乱无章地塞满整个桌面？当你想找资料时，是不是要从头到尾一个个看，才能找到资料呢？如果是这样的情况，小心格雷的故事在你身上重演。

电脑桌面确实是个方便的场所。建立数据文件后，可以先摆在桌面。当桌面资料文件只有三四个，要搜寻时自然一目了然。但是，当数据文件增加到 10 个或 20 个，光是找出想要的数据文件，就得花不少的时间。如果没有依文件夹种类归档整理，当你想要某份资料时，就无法马上打开文件，工作也无法顺利进行，更有可能哪天犯下无法挽救的失误。

电脑桌面塞满文件的人，他的大脑一定也是乱七八糟的。为了不跟格雷犯一样的错误，在整理电脑桌面的同时，也要清理你的脑袋。如此一来，工作自然会顺利进行，赢得他人信赖，钱也会被吸引过来。看到这里，如果你的反应是"真麻烦"，那么你这一生将永远无法与钱结缘。即使这样，你也无所谓吗？

电脑桌面不是摆放文件的场所，它只是方便你打开文件的连接工具摆放场所。在此介绍几个整理电脑桌面的诀窍。

首先，要建立电脑桌面以外的"储存场所"。如果是 Windows，本来就有"我的文件"。除了这些，你也可以自己建立专用文件夹。总之，文件一定要存盘在这些文件夹里。

其次，建立连接各文件夹的快捷方式。只有使用率高的文件需要

另外建立快捷方式。这样做可以让整个电脑桌面显得清爽而有条理。

再次，储存文件时，一定要做好文件夹分类。同一个项目的文件可以储存于相同的资料夹。这样就可以大幅缩减搜寻文件的时间。

最后，就是依你的风格来建立文件名称。只要在建立文件名时花点心思，就能让桌面一目了然。

找不到名片，等于失去了"未来的金主"

丹尼是汽车经销商业务员。他是"标准胖子"的体型，即使冬天在外面跑客户，还是会汗水淋漓。

一天傍晚，丹尼拜访完客户，顶着一身汗回到了公司。他还有工作要做。他必须写问候信给曾拜访并交换过名片的客户。本来拿到名片就应该立刻寄出问候信，但是，丹尼却一拖再拖。今天他终于有了"回寄问候信"的想法。

但是，当他拿起办公桌上捆成一束的名片时，顿时露出困扰的表情。"奇怪，怎么会这样？这张名片怎么这么旧？"几天前，丹尼不小心把那捆名片弄掉在地上。这一掉也把名片顺序弄乱了。

"糟了，这样就不知道哪些人该寄问候函了！"丹尼摇晃着肥胖的身体，不甘心地一边叹气，一边检查每张名片。那捆名片起码有一百张。丹尼凭着回忆，选出需要寄问候信的名片，一转眼就到了晚上 8:00。

"肚子好饿，明天再寄问候信吧！"说完，丹尼将已经选好的 20 张名片再放回那叠名片上，然后起身，离开了办公室……

请问，这样的丹尼将会失去几位"未来客户"或者说"未来的金主"呢？

在商场上，名片当然是不可或缺的工具。不会整理名片的人会在必要的时候无法与重要人物取得联系，于是丧失了商机，也就是失去了赚钱的机会。

请问，你会如何整理已到手的名片？依行业分类收纳于名片夹？还是依拼音顺序摆在名片盒里？或是归档在方便的转动型名片盒里？抑或跟丹尼一样，使用橡皮筋捆成一束？其实哪个方法都行。你只需确定你喜欢的名片分类法，将名片妥善分类，以便需要的时候可以马上取出那位人士的名片。

我每个月在演讲会、研习会、读书会上认识许多人，也拿到许多名片。如果使用名片盒保管，一定很费事。所以我先用橡皮筋将拿到的名片捆起来，再在上面贴上日期标签，有时还会在每张名片背后注明收到名片的地点。如此一来，就算名片一大捆，也可以马上重新分类。另外，我还会在名片背面记下主人的特征。这个备注工作如果等到累积好几十张名片才做，会很辛苦。不过，如果能在每次拿到名片时就进行，根本花不了多少时间。如果你凡事都是汇集后再整理的话，注定会失败。养成每天一点一滴处理的习惯，这非常重要。

几年前，乔治参加了美国中西部的一个政治性筹款活动。

一位参加活动的客人引起了他的兴趣。乔治看到他有时跟几个人热烈交谈，有时又独自站一边，在手上的卡片上写些东西。当乔治再次抬起头时，他又和别人攀谈开了。很快，他又在手中写着些什么。连续一个多小时他都重复着这个聊天模式。这个人彻底勾起了乔治的好奇心。像多管闲事的邻居，乔治开始琢磨："这家伙是谁？"

终于机会来了。当乔治独自站在小吃桌边时，这个人笑容满面地朝乔治走过来，热情地与他握了握手，并自我介绍："嗨，我叫戴维·史密斯。"他问乔治在喝什么，乔治告诉他在喝白葡萄酒。然后他们开始谈论各自的喜好。无意中，乔治提到自己最喜欢的是桑塞尔白葡萄酒（产于法国中部卢瓦尔河流域）。不过，在整个聊天过程中，乔治忍住了，没有问他刚才一直在记些什么。

几分钟后，当乔治看到一个朋友经过，正表示歉意准备离开时，戴维向乔治要了张名片。在他转身的刹那，乔治偷偷看了一下。他知道了！戴维正在乔治的名片上涂写，像上文中提到的一样！乔治又转回身去，开玩笑似的询问："嘿，我没给你我的三围呀！你在写什么呢？"

听了乔治这个不雅笑话，戴维哈哈大笑说："被你发现了！"他把名片递给乔治看，上面写着：桑塞尔。然后，为了满足乔治的好奇心，他把口袋里的名片都掏出来，让乔治看他在每张名片背面所做的备注。刚开始，乔治以为那只不过是戴维用来记住别人的小方法，直到几个月后，乔治才明白他奇怪的行为背后自有其道理。

一天早晨，乔治在邮箱中发现了戴维寄来的私人明信片。他告诉乔治，自己正在竞选参议员，然后在明信片的最下方写道："近来可品尝了什么好的桑塞尔白酒？"戴维一下子赢得了乔治的好感。如果乔治住在他所在的州，单凭这样的小感动就可能促使乔治把票投给他。

接下来就是为名片分类。在分类的时候，自然会挑出"约好下次再见面的人"，这时候就将这张名片归档于名片夹里。比如，我就是根据"出版""股票研习会"等类别来归档名片的。未被归档在名片夹里的名片，就是没有约定再见面的人的名片，则使用橡皮筋捆好，放进纸箱保管。纸箱里的名片我会先保管两年，一旦确定不会用到，就将这些名片剪碎后丢掉。

在那些没钱的日子里

　　最近，我和丈夫杰西查看过去的个人宣言时，发现其数量多得令人吃惊。杰西就读法学院的第一年，有6个月的时间里，我们每个月的收入不到900美元，有些月份的收入甚至只有650美元。那些艰苦的岁月，至今仍在我的脑海中呼之欲出，但再次看到这么多数量的宣言还是让我们很惊讶。

　　那时候，我们一个月的房租就已经超过500美元了。我还是不敢相信，当年我们就依靠那么一丁点钱活了下来！怪不得当年我们很少吃肉、几乎离不开优惠券、连续几个月都不外出就餐或者买衣服，经常祈祷。总之，我们基于现有收入水平生活。

　　我记得当时我们把收入的10%捐给当地的教堂，还要支付房租和基本开销，然后祈祷剩下的钱足以支撑到收到下一笔收入前。缴学费的那部分钱，我们已经预留出来并存进银行账户了，除非发生生死攸关的事情，否则不能动它。还好，我们有一份兼职，每个月我们就依靠这笔兼职收入过日子。

　　那些年，我们住在一间小小的地下室里。我可以把吸尘器的插头插进一个插座里，不需要换插座就能把整间房间打扫干净。杰西读书的第一年，我们的第二辆车就报废了。接下来的两年里，我们共用一辆车。杰西一边工作一边读书，经常忙到深夜。我们几乎不认识居住在镇上的其他人，尽管我们非常努力地结交朋友。

在那种境况下，人非常容易被绝望吞噬。我不否认，有时我也替自己感到难过，希望能在舒适的环境里生活。然而，最终我还是决定凭借有限的条件创造最好的环境。

由于我们没钱外出就餐，我会想出一些有创意的方法获得免费的娱乐。我们从图书馆借电影碟、吃自己做的比萨。冬天时，我们会煮咖啡、自己做爆米花。有时候，我们还会去公园野餐或者在美国最大的零售连锁书店巴诺书店的阅读区看书。

我们也没有多余的钱来装饰公寓，但我还是想法让它看起来温馨、舒适。我努力保持家里的干净、整洁。我想，虽然家不够漂亮，但我可以让它保持干净整洁。我经常会放点音乐，点上蜡烛，然后烘焙食物。食物的香味和音乐让我们觉得富有了些，即便我们手头上没有多余的一毛钱。

我们负担不起奢侈的美食，也无法去豪华的餐厅吃饭，但这并不意味着我们无法吃得好。我经常尝试做新的菜式，四处搜寻划算的商品、尽可能让我们的日用品用久一点。做这些事情时，我也从中获得不少乐趣。另外，我经常去图书馆借书看，而不是上街购物。

也正是住在这个地下室公寓时，我开始写博客、查看网络创业之类的资料。要不是闲暇时间很多，没有什么朋友做伴，我可能永远也不会想到写博客。而且你猜怎么着？有一天，窝在那间小小的地下室里，我建立了 www.MoneySavingMom.com 这个网站，教其他人如何节省日常开支并学会赚更多的钱。我完全没有想到的是，不到几年的时间，这个网站已成为最大的个人理财博客，帮助世界各地成千上万的家庭改变了金钱观。

没错，住在一个不熟悉的小镇上的地下室公寓里勉强度日，虽然这从来都不是我自己的选择，但我还是永远心怀感激，感谢上帝让我在那 3 年半的时间里学会了感恩，学会了热爱简朴的生活并充分利用手头上已有的资源。

逆境中，积极乐观的心态可以支撑你坚持很长一段时间。你可以选择抱怨玫瑰上的刺，也可以选择欣赏怒放的玫瑰花。

那么，在没钱的日子里，除了想办法成为一个有钱人之外，我们还可以做些什么呢？

多想想自己幸运的地方。如果要给值得感谢的事情、对象列个清单，估计每个人的清单都会很长。如果你能喝上干净的水、身上有衣服穿、不至于忍饥挨饿、头上有一片瓦挡风遮雨，你就比很多人要幸运多了。我们很容易把注意力集中在自己所没有的东西上，而忘记感激我们已经拥有的东西。这样做只会养成消极悲观的心态。

制作一张感恩清单。当我愤愤不平、感到沮丧时，我就逼迫自己努力寻找值得感恩的事。通常我会随意选择一个数字，例如 10，然后开始写。一开始时，进展很慢，但一旦开始以后，我就没法停下来了。接下来，我的整个心态都改变了，因为生活中有那么多事情值得我深深感恩。

不要与别人攀比。世界上总有一个人比你更漂亮、比你更苗条、比你更富有、比你更健康、比你更有创意、比你更会规划、比你更有活力。期望变成另外一个人很容易让你荒废一生：祈求拥有他那样的身材、拥有他那样的家人、住在他住的豪宅里、拥有他那样的工作，或者拥有他所拥有而你所没有的东西。但是祈求成为他并不会改变你自身的状况。

做一个乐施好善之人。杰西就读法学院时，我们常常不知道下个月付账单的钱在哪里，但每个月我们都赚到了勉强度日所需的钱。在收入有限的情况下，我们用免费的优惠券购买杂货，然后把它们分派给挣扎在贫困线上的其他人。另外，我们还会花时间帮助那些需要帮助的人。虽然我们捐赠的金钱、付出的时间都不多，但我们已经尽力了。帮助他人时，我们感到特别快乐和满足。

杰西从法学院毕业后，我们的收入大大地增加了，但为了能够大方地捐助其他人，我们仍然继续过这种简朴、不负债的生活。我们在自己身上花的钱越少，能够捐献给别人的东西就越多。确实，慷慨地伸出援手帮助他人所获得的满足感和充实感，比把这些钱花在自己身上要大得多。

无论你一年赚 10 000 美元还是 250 000 美元，我建议你把捐赠当做预算中最优先的选项。如果你优先考虑捐献，你可能也会像我们一样，奉献得越多，你将来拥有的也会更多。

一年只需 60 分钟的快乐投资理财书

亚马逊投资理财类图书排行榜第一名

致富很难？他怎么能轻松做到？

一个私立学校的英语教师，只领微薄的薪水，何以在不到 10 年的时间里，变身为现金资产超过 600 万的富翁？

安德鲁·哈勒姆不是"富二代"，没有专业的投资背景。他从不过度消费，19 岁开始投资，遵从一些简单易循的原则，三十几岁就拥有豪车别墅，百万家财。

致富很易？为何财却不理你？

月入 6 000，为何仍然入不敷出？

省吃俭用，工作三五年还是存不到钱？

已经开始理财，为何账户收益甚微？

秘诀就在本书里：

尽早投资、对自己花掉的每分钱负责、每年花 60 分钟调整投资组合、购买指数基金、远离理财顾问……

从 2002 年起，安德鲁开始撰写理财类文章，发表在 *MoneySense* 及《读者文摘》上，曾两次被提名为加拿大"全国出版奖"候选人。他还就"9 大致富黄金法则"在《环球邮报》和《华尔街日报》上发表多篇文章，丰富了巴菲特的投资理论。

〔加拿大〕安德鲁·哈勒姆 著

孟波 刘寅龙 译

中资海派出品

定　价：36.00 元

蜗居族的奋斗——不是奇迹，
而是一步步走过的真实轨迹

读者服务信箱

感谢的话

谢谢您购买本书！顺便提醒您如何使用 iHappy 书系：

◆ 全书先看一遍，对全书的内容留下概念。

◆ 再看第二遍，用寻宝的方式，选择您关心的章节仔细地阅读，将"法宝"谨记于心。

◆ 将书中的方法与您现有的工作、生活作比较，再融合您的经验，理出您最适用的方法。

◆ 新方法的导入使用要有决心，事先做好计划及准备。

◆ 经常查阅本书，并与您的生活、工作相结合，自然有机会成为一个"成功者"。

<table>
<tr><td rowspan="10">优 惠 订 购</td><td colspan="2">订 阅 人</td><td></td><td>部 门</td><td></td><td colspan="2">单位名称</td><td></td></tr>
<tr><td colspan="2">地 址</td><td colspan="7"></td></tr>
<tr><td colspan="2">电 话</td><td colspan="3"></td><td colspan="2">传 真</td><td></td></tr>
<tr><td colspan="2">电子邮箱</td><td colspan="2"></td><td>公司网址</td><td></td><td>邮 编</td><td></td></tr>
<tr><td rowspan="2">订购书目</td><td colspan="8"></td></tr>
<tr><td colspan="8"></td></tr>
<tr><td rowspan="3">付款方式</td><td rowspan="1">邮局汇款</td><td colspan="7">中资海派商务管理（深圳）有限公司
中国深圳银湖路中国脑库 A 栋四楼　　　邮编：518029</td></tr>
<tr><td rowspan="1">银行电汇
或 转 账</td><td colspan="7">户　名：中资海派商务管理(深圳)有限公司
开户行：招行深圳科苑支行
账　号：81 5781 4257 1000 1
交行太平洋卡户名：桂林　卡号：6014 2836 3110 4770 8</td></tr>
<tr><td>附 注</td><td colspan="7">1. 请将订阅单连同汇款单影印件传真或邮寄，以凭办理。
2. 订阅单请用正楷填写清楚，以便以最快方式送达。
3. 咨询热线：0755—25970306转158、168　传　真：0755—25970309
E-mail: szmiss@126.com</td></tr>
</table>

→ 利用本订购单订购一律享受 9 折特价优惠。

→ 团购 30 本以上 8.5 折优惠。